번역인문학과 번역비평

# 번역인문학과 번역비평

전성기

고려대학교출판부
KOREA UNIVERSITY PRESS

## 책머리에

'번역인문학'은 일견 생소한 말이다. 그러나 실은 적지 않은 인문학 번역자들이 자신도 모르게 번역인문학을 해 왔고, 또 지금도 하고 있다. 고전번역의 중요성을 역설해 온 연구자들은 실은 번역인문학의 중요성을 강조해 온 것이나 다름없다. 그럼에도 지금 굳이 번역인문학을 말하는 것은 문제를 새롭게 인식하자는 것이다. 사실 번역인문학은 고전번역에 국한되는 것이 아니라, 인문학번역 문제 전반을 포괄하고자 하는 하나의 문제 제기이다. 번역인문학은 번역비평을 통해 '위기의 인문학'과 '척박한 번역문화'라는 우리 현실의 시급한 두 문제를 동시에 상호적으로 극복할 수 있는 하나의 방안일 뿐 아니라, 우리 나름의 인문학을 탐구하는 하나의 방향이 될 수 있다. 번역인문학의 구축을 위해서는 우선적으로 언어에 대한 새로운 인식과 이를 바탕으로 한 번역에 대한 새로운 사고가 필요하며, 번역인문학의 심도 있는 탐구를 위해서는 그 시각과 방법의 다양성을 인정하는 '탐구의 수사학'

적 접근이 필요하다. 근자에 번역학에서 번역자의 불투명성 혹은 주관성이 자주 논의되는데, 번역인문학에서도 번역 주체의 문제는 우선적으로 성찰되어야 할 것이다.

기존의 인문학번역들에 대한 번역비평은 광범위하면서도 심도 있게 이루어져야 한다. 이러한 작업의 활성화를 위해서는 오역비평이 묵시적으로 전제하면서도 제대로 연구되지 못하고 있는 '번역문법'이 우선 활발히 탐구되어야 한다. 일종의 '문법공학'이라 할 수 있는 이 번역문법은 언어학뿐 아니라 관련된 다양한 분야의 연구들에 기반한 '임상적', '생산적' 번역문법이 되어야 할 것이다. 번역비평은 '맞았다/틀렸다', '잘 됐다/못 됐다'를 넘어 교감적이며 상호주관적인 비평적 이해를 위해 번역학을 비롯한 인접 학문들과 긴밀한 교섭이 필요하다. 이러한 과정을 통해 인문학번역은 보다 인문학적으로 될 수 있고, 그렇게 이루어지는 번역들은 번역비평의 새로운 토양이 될 것이며, 그러한 토양은 보다 풍요로운 번역인문학의 바탕이 될 것이다. 번역비평을 통해 그간의 인문학번역을 다시금 반성하고 인문학연구를 새롭게 하기 위한 하나의 모색인 번역인문학은 연구의 진척에 따라서는 학제적 연구로 발돋움할 수도 있을 것이다. 지금까지 번역비평이 오역비평에 주력하였다면, 앞으로는 '명역비평'을 계발하여 잘된 번역들을 드러내고, '좋은 번역'의 방법들에 대한 '공론의 장'을 열어 '명역'에 대한 공감대를 넓히는 데 힘쓸 필요가 있다.

오늘의 번역학, 해석학, 수사학 등의 연구들은 번역비평이 번역인문학을 옹호하고 선양하는 방향으로 이루어질 수 있는 적지 않은 연구 자료들을 제시하고 있다. 특히 '질문의 철학'이기도 한 메이에르의 '제문론', 원효의 화쟁사상 등은 번역비평을 통한 번역인문학 탐구에 시사하는 바가 많은 성찰의 자료들이다. 번역비평이 권력자의 비평이 아니라 번역의 질적 향상을 위한 대화의 장, 협력의 장, 공감의 장이 될 수 있어야, 그래서 번역 자체가 훌륭한 인문학적 탐구의 과정이 될 수 있어야 번역인문학이 올바로 정립될 수 있을 것이다. 일종의 메타번역비평인 번역비평의 수사학적 해석학적 탐구는 이러한 작업에 매우 유용한 기여가 될 것이다. 디 스테파노는 문학번역을 본질적으로 하나의 문학비평 행위로 보았는데, 인문학번역 역시 하나의 내재적 인문학비평이 되어야 할 것이다. 인문학번역은 형태상으로는 해제, 각주 등이 달린 연구번역이 아닐지라도 내용상으로는 그 못지않은 '탐구번역'을 지향할 필요가 있다. 번역비평을 통한 번역인문학 연구는 우리의 번역 문화文化가 번역 문화文禍의 소용돌이를 벗어나 진정한 의미의 번역인문학적 번역 문화紋和, 즉 '무늬의 어울림'을 이루는 하나의 훌륭한 장이 될 수 있을 것으로 기대된다.

2008년 3월<br>안암동 연구실에서

전성기

## 차례

## III. 번역인문학과 번역비평



## IV. 인문학번역과 번역문법



## V. 번역비평과 해석

# I. 번역과 현대 한국어

**프롤로그**

역사적으로 볼 때 동양의 경우이든 서양의 경우이든 번역은 언어의 형성과 발전에 중요한 역할을 했으며, 때로는 그 역할이 결정적이기도 했다. 한국어의 경우도 예외는 아니나, 다른 언어들과 유사점들도 있고 차이점들도 있다.[1] 이러한 문제를 현대 한국어 문어의 경우에 한정하여 그 대략적인 윤곽을 살펴볼 것인데, 비네와 다르벨네의 비교문체론이 말하는 번역의 기법들이 그러한 고찰의 주요 틀이 될 것이다.

이 기법들은 크게 직접 번역과 간접 번역으로 나뉜다. 외래어를 그대로 빌려오는 차용, 외국어에서 구를 차용해서 그 구성요소들을 문자적으로 옮기는 모사, 특별한 문체론적 고려 없이 단순히 문법적 규칙에 따라 이루어지는 대어역 혹은 직역(문자역), 이 세 가지가 직접 번역이다. 그리고, 품사의 전환을 뜻하는 치환, 관점이나 시점의 변화를 말하는 변조, 문법적 구성이나 문체

1 Delisle/Woodsworth(1995) 참고.

적 수단은 전혀 다르나 동일한 상황에 대한 표현으로 간주되는 좁은 의미의 등가, 원어의 것과 동일한 상황이 역어상에 존재하지 않아 유사한 상황에 대한 표현으로 대치하는 번안, 이 네 가지는 간접 번역이다.[2]

'번안'을 번역으로 볼 것인가 하는 것도 여러 가지 문제를 야기하지만, 특히 문제가 되는 것은 모사이고, 더욱 문제가 되는 것은 차용이다. 그러나 "시니피에는 그대로 둔 채 시니피앙만 바뀌는 것"으로 간주되는, 일반적으로 '형태의 번역'이라 할 수 있는 것을 '직역'이라 부르고 있는 점이나,[3] 원어의 소리를 역어의 음운 체계에 맞게 옮기는 것을 '음역音譯'이라 하고 있는 점 등을 고려한다면, 모사와 차용을 소극적 번역 혹은 최소 번역으로 보는 것이 큰 무리는 아닐 것이다. 직관적으로는 '번역'으로 보기 어려운 면이 있다 하더라도, 적어도 이들과 치환이나 변조 등의 '적극적' 번역과 분명한 단절이 있다고 보기 어려운 이상, 이들 역시 번역의 일종으로 보아야 할 것이다.

---

2 Vinay/Darbelnet(1977: 50-51).

3 Margot(1979)에서 보듯이, 창세기 12장 12절의 '아브람은 에집트에 들어갔다. 에집트인들이 보기에 그의 아내는 정말 아름다웠다'(공동 번역판)는 구절을 르메트르 드 사시의 번역처럼 'Abram étant entré ensuite en Egypte, les Egyptiens virent que cette femme était très belle'라 하지 않고《히브리어 성경》의 히브리어 구문에 따라 'Et fut comme Abram venait en Egypte que les Egyptiens virent la femme, qu'elle était belle beaucoup'라 옮겼던 것은 '직역' 혹은 '문자역'의 좋은 한 예이다.

### 역사적 개관

다수의 학자들이 문어로서의 한글의 대두와 19세기 말의 성경 번역 사이에 아주 밀접한 관계가 있음을 인정하고 있다. 그러나 번역이 전통적으로 한국의 언어학자나 문학자들이 즐겨 다루는 주제는 아니었던 것으로 보인다. 이들은 번역에 대해 별로 말하지 않았거나, 말했다 하더라도 주제화되어 있다기보다는, 예외적이라 할 수 있는 성경 번역 문제를 제외하면, 산발적 혹은 간헐적인 지적에 지나지 않는 경우들이 대부분이고, 그것도 대개는 '오역'이나 '중역'을 규탄하기 위한 것이었다. 십여 년 전부터 사정이 다소 달라진 것이 사실이나,[4] 번역을 한국어의 형성과 관련지어 집중적으로 다룬 경우는, 적어도 '성경학자들' 이외에는 별로 없는 것으로 보인다.

그런데, 여기저기서 찾아볼 수 있는 단편적 지적들을 모아 잘 살펴보면, 역사적으로도 번역이 한국어 문어 형성에 핵심 요소였음이 드러난다. 사실, 15세기 중반(1443)의 한글 창제 이후, 최초로 쓰인 문장들만 해도 주로 한문 문장들로부터 번역된 문장들이다.[5] 그리고 한국어 현대문의 첫 형태 혹은 모델은 언해문들로, 공

4 특히 최근에는 번역 담론들이 눈에 띄게 부쩍 늘었다.

5 초기 '한국어' 번역은 한자어를 차용한 표기체계인 이두로 쓰여진 《大明律直解》(1395)에까지 거슬러올라간다고 한다. 정광 · 윤세영(1998: 9): "사역원은 고려 忠烈王 2년(1276)에 설치된 通文館을 후일에 사역원으로 개명한 것이며 조선 건국 초기, 즉 太祖 2년(1393)에 복치되어 甲吾更張(1894)으로 폐지되기까지 5백여 년간 유지되었던 외국어의 교육과 譯官을 관리하는 官衙였다.

식 문자가 한문이었던 조선 시대의 문헌의 일부를 이루고 있다. 한문에 영향을 받은 이 문장들은 때로는 거의 대부분의 낱말들이 한자어들로 쓰인 직역 형태를 취했고, 때로는 한글로의 설명적 번역의 형태를 취했다고 한다. 이러한 주장을 하는 고종석은 전자는 공식 문체의 근저가 되었고, 후자는 일반 문체의 근저가 되었다고 말한다.[6]

이러한 상황은 대략 개화기(1876-1910)까지 계속되는데, 이 기간의 주요 시점은 1894년의 갑오경장으로, 이 해는 모든 공문은 국문을 위주로 하고, 한문을 붙이거나 혹은 국한문 혼용체로 할 것을 규정했으며, 학부 편찬의 교과서도 국한문을 사용하도록 규정한 칙령 제일호 〈공문식제〉가 공표가 되었던 해이다.[7] 그 이듬

---

〔…〕 세계의 역사에서 조선조와 같이 외교 통역관을 양성하는 국가 기관을 지속적으로 설치 운영한 예는 극히 드물다."

6 고종석(1999: 118-119): "다만 한 가지, 기록 언어로서의 한국어의 출발이 번역문이었다는 것은 꼭 강조돼야 한다. 한글이 창제되기 전부터 한문을 이찰로 번역하는 것은 관청에 널리 퍼진 관행이어서 김지와 고사경이 번역한《대명률직해》(1395)는 조선조 초의 대표적인 이찰 번역이다. 훈민정음이 창제된 이후도 마찬가지이다. 한글로 쓰인 첫 번째 문장은 〔…〕《훈민정음 언해》라는 이름의 번역문이다. 다시 말해 그 원문은 고전 중국어, 즉 한문인 것이다. 유교·불교 경전이나 중국의 고전 시를 대상으로 조선조 중기까지 활발히 이뤄진 언해는 구결이나 이찰식으로 한자어가 주가 된 직역의 형태를 띠기도 하고, 그 의미를 우리말로 자세히 풀어놓은 의역의 형태를 띠기도 해, 전자는 공문식 문체의 기초가 되고, 후자는 일반문체의 기초가 되었다."

7 김형길(2001)은 이 칙령을 정치와 법률에서 프랑스어의 사용을 의무화한 Villers-Cotterêts 칙령(1539)에 비견할 만한 것으로 본다.

해인 1895년은 현대한국어 형성기(1894-1910)[8]의 첫 해이고, 한국 근대 번역문학사(1895-1950)[9]의 첫 해이기도 하다. 이 당시까지 지배계급은 문어 의사소통에 거의 한문만을 사용했고, 중인계급은 이두를 사용했으며, 한글은 '민중'의 글에 지나지 않았다.

그러다 일부 한국인들의 도움을 받은 서양 선교사들 덕분에 처음으로 한글 번역 성경이 나오게 된다. 그때가 1882년이다.[10] 그 이후, 한글은 신문과 소설을 비롯한 여러 분야로 그 쓰임새가 넓어졌다.[11] 주로 한문을 모르던 민중을 겨냥했던 한글 번역 성경은 현대 한국어의 개화와 발전에 주요 이정표가 되었다.[12] 성경의 한글번역은 특히 한국어의 언문일치운동의 기폭제가 되었다는 점에서 중요한 의미가 있다.[13] 그런데, 이 성경 번역이 한국어의 문

---

8 홍종선(2000) 참고.

9 문학작품 중에서 첫 완역판은 게일J. S. Gale이 존 버니언John Bunyan의 *The Pilgrim's Progress*를 번역한《天路歷程》(1895)이다. 김병철(1975) 등에 의하면, 이 번역은 한국의 신문학의 형성에 중요한 역할을 했다고 한다.

10 신약성서의 첫 완역본은 1887년에 나온다. 김병철(1975: 67)은 특히 1938년의 제3차 개역성서의 중요성을 강조하고 있다: "그것은 한국프로테스탄트교회의 공인역의 완성일 뿐만이 아니라 한국의 사상사 · 문화사에 있어서의 일대 금자탑이었다. 이것에 의하여 한국에 새로운 스타일을 가진 문체와 기독교문학이 생겼고, 상계에 비옥한 배양토를 뿌려주었으며, 개화기 이후의 신문학은 정신적으로도 문체상으로도 가장 훌륭한 언문일치라는 모범을 거기서 발견했던 것이다."

11 한글의 일상적 · 본격적 사용은 1945년의 광복 이후라고 해야 할 것이다.

12 유창균(1967), 김병철(1975) 참고.

13 김병철(1998: 18-19): "성서 한글번역이 한국번역문학사에서 차지하는 의의는, 첫째, 조선시대의 문자 언어의 전부였던 한문, 즉 우리 조상들이 오랫

체와 표현기술 면에서 새로운 영역을 개척한 것은 사실이지만 그 한계도 있었음이 지적되어 왔고, 이는 19세기 말의 몇몇 번역 성경을 통해 확인할 수 있다. 그 한 예를 보자.[14]

A: 耶蘇見衆, 登山而座

B: 예수 그 ᄉᆞ롬을 보고 산에 올나 안즈니

C: 예수가 群衆을 見ᄒᆞ시고 登山ᄒᆞ야 座ᄒᆞ시니

D: 예수ᄭᅴ셔 무리들을 보시고 산에 올나가 안지시니

유창균(1967)은 로스Ross 버전(1887)이라고도 하는 번역 B를 서구어 버전을 한문 번역한 것으로, 그리고 한문 번역본인 텍스트 A를 직역한 번역 C는, 일본어 버전과 더불어, 번역 D의 기저가

---

동안 입으로는 국어를 말하면서도 글로는 한문을 쓰는 기형적인 언어생활을 청산케 하고서 한글에 의한 언문일치를 과감하게 촉진시켰다는 것, 둘째, 물론 한글에 의한 언문일치운동은 선교사들이 (선교의 목적을 위한 것이었으나), 이것이 결국 그 후의 개화기에 대두된 국문학자에게 자극을 주어 한글에 의한 언문일치운동으로 줄달음치게 한 가장 큰 계기가 되었다는 것은 부인 못 할 사실이다. 성서의 순 한글에 의한 번역에 의하여 자극을 받고서 개화기 이후에 등장한 신소설과 [⋯] 여러 신문들이 순 한글로 그 문체를 채용한 것은 이의 직접적인 영향이다. 이 점으로 한국번역문학사에 있어서의 일본과는 다른 특이한 공적적 입장을 한글 성서에서 이해할 수 있으며, 본절에서 성서의 한국 전래와 그 번역사를 중요시하는 까닭도 바로 이 점에 있다 하겠다."

14 이 구문은 프랑스어로는 'Jésus, voyant tout ce peuple, monta sur une montagne où s'étant assis,'(ses disciples s'approchèrent de lui)와 같이 번역된다(traduction de Lemaître de Sacy, Robert Laffont).

되었다고 보았다. 물론 이 번역 D는 오늘날의 현대 한국어 번역본과는 그 형태가 사뭇 다르나, 야콥슨이 말하는 '언어내 번역'[15]이란 것이 현대 한국어의 형성을 이해하는 데에—우리가 짐작하는 것보다는 훨씬 더—중요한 요소일 수 있음을 시사한다. 그리고 한글과 한자의 혼용, 즉 국한혼용[16]은, 가나 문자와 한자를 혼용하는 일본어 문어로부터의 영향과—특히 1910년의 이른바 합병 이후—무관하지 않을 것이나, 한편으로는 오랜 '언해諺解'의 전통을 잇는 것이기도 하다. 조연현(1969)은 '국한문 혼용의 언문일치운동이 근대화운동의 가장 중요한 한 내용이었으며, 순국문의 사용은 소설과 번역된 성서를 떠나서는 그렇게 쉽게 찾아볼 수 있는 것이 아니었다'고 지적한 바 있다.

김인환(1993:188)은 '거의 천년 가까이 계속된 중국의 불경 번역은 참다운 언어를 찾는 여행이 얼마나 참담한 것인가를 단적으로 보여 준다'고 일러 준다. 중국인들에게 '불교는 단순히 새로운 사상 체계가 아니라 중국어의 새로운 가능성을 단련하는 언어의 연병장이었다'는 것이다. 그런데 우리의 성경 번역 경험은 유감스럽게도 이러한 중국인들의 경험과는 상당한 거리가 있다는 것을 지적하지 않을 수 없다.

---

15 Jakobson(1963: 79)은 번역에 '언어간 번역', '언어내 번역', '기호간 번역'의 세 가지가 있다고 본다.

16 그 한 극단적 형태가 번역 C이다.

## 한자어

한국어 어휘의 절반 이상이 '한자어漢字語'[17]라는 것은 아무도 부정하지 않는다. 그런데 이 '한자어'라는 말은 모호한 말이다. 이 말은 '한자로 쓰인 낱말들'을 뜻할 수도 있지만, '원래 한자인 낱말이나 한글(혹은 다른 철자 체계)로 음역된 낱말들'을 뜻하기도 한다. 편리하고 경제적인 말이나, 혼동의 여지가 있는, 특히 한국인들의 언어 정체성 문제에 혼란을 야기할 여지가 있는 말이다. 심재기(1982)는 한국어의 어휘사는 '한자어의 증가사'(25)로서, 천여 년 혹은 그 이상에 걸쳐 한국어에 침투해 온 '그 방대한 어휘는 결국은 한국인의 정신을 지배하고 문화를 계승시킨 온상'(43)이기도 하다고 지적하는데, 이 역사는 바로 차용의 역사, 중국어 한자어들[18]과 일본어 한자어들의 대량 수입의 역사이다. 특히 개화기 이래 일본어로부터 이른바 '신문명어'들[19]이 대량으로 유입되었는데, 오늘날에도 이러한 유입은 계속되고 있다.[20] 한국에서 만

---

17 1956년에 발간된 165,400 어휘의 《朝鮮語大辭典》에서는 고유어가 45%에 달했으나, 어림잡아 500,000 어휘를 담고 있는 현대 국어사전들에는 최대 80,000 어휘, 즉 20%밖에 되지 않는다고 한다.

18 때로는 '天主', '歐羅巴', '自鳴鐘' 등의 한자로 번역된 외국어 낱말들을 수입해 오기도 했다.

19 예를 들어, '科學', '哲學', '宗教', '法律', '形而上學', '心理學', '物理', '精神', '物質', '關係', '理論', '法則', '思想', '分析', '綜合', '概念', '時間', '空間', '文化', '文明', '表象', '理性', '感性', '記號', '意識', '主觀', '客觀', '批評', '作品', '喜劇', '悲劇', '美術', '經濟', '資本', '交換', '階級', '分配', '生産', '實驗' 등의 낱말들이 있다.

20 예를 들면, '低開發國', '消費革命', '斜陽産業', '不快指數', '試行錯誤', '文

들어진 한자어들도 있으나, 그 수는 아주 적다.

한국어에 대한 한자어의 영향은 이들을 빼놓고는 한국어를 말할 수 없을 정도이다. 이는 비교문체론의 번역 방법의 하나인 차용이 한국어의 두드러진 특징의 하나라는 것을 뜻하는 것이다.[21] 우리는 영어나 일본어 같은 언어들도 차용을 많이 한 언어임을 안다. 그러나 한국어의 경우가 다소 특별한 것은 종종 그 사용자들이—때로는 학자들도 포함해서—한자어들의 '언어 정체성'을 문제삼는다는 것이다. 한자어들을 한국어 어휘로 주저 없이 받아들이는 사람들이 있는가 하면, 그러기를 다소 주저하는 사람들도 있고, 이 한자어들을 한국어에서 아예 추방시키려는 사람들까지도 있다.[22] 그런가 하면, 중국산 한자어들에 대해서는 비교적 관대하면서도 일본산 한자어들에 대해서는 냉혹한 태도를 취하는 사람들도 있다. 물론 이는 식민 시대 경험과 무관하지 않다. 사실, 언어는 별개의 존재가 아니다. 언어 사용자들의 삶과 불가분의 관계에 있는 것이 바로 언어이다.

그런데, 일본어로부터 한자어들을 대량으로 차용하다 보니, 전

---

化財', '核家族', '團地', '特需(特別需要)', '過剩保護', '日照權', '殘業', '人災', '案內孃', '情報化社會', '民主化', '冷戰', '壓力團體', '微視的', '國民總生産', '聖火' 등의 낱말들이 있다.

21 한자 자체의 차용과 이 한자를 한글로 음차한 차용은 구분해야 할 것이다. 여기서 말하는 말하는 차용은 주로 두 번째 측면을 말한다.

22 라틴어의 지배에서 벗어나려는 것이 서구인들의 중요한 언어 의식이었다면, 동아시아에서는 한문의 지배로부터 벗어나려는 것이 그 언어 의식의 주요 부분이었다는 것은 대부분의 학자들이 아마 인정할 것이다.

통적으로 중국어 어휘와 닮았던 한국어의 한자어들은 일본어의 한자어들을 훨씬 더 닮게 되었다고 한다.[23] 이는 불한사전을 '불화사전佛和辭典', 그리고 '법한사전法漢辭典'과 비교해 보면 잘 드러난다. 불화사전을 보면 친숙한 한자어들이 대부분이지만, 법한사전을 보면 상당히 낯설게 느껴진다. 더구나 대륙에서 나온 대개의 사전들은—'정체자'로 되어 있는 대만의 법한사전과 달리—간체자로 되어 있어 익숙지 않은 사람들은 읽기도 힘들다. 그러나 어쨌건, 일본어 한자어들의 대량 수입도 그것들이 바로 한글로도 아무 문제없이 쉽게 읽히는 한자어들이었기 때문에 가능했던 것이다. 고종석(1999:101)이 지적하듯, 이들이 한자어로 옮겨 쓸 수 없는 고유 일본어를 활용한 신조어들이었다면 아마도 그 상당 부분이 한국어에서 벌써 추방되었을 것이다.[24]

한자어들의 대량 유입으로 비롯된 한국어 어휘의 중요한 특징은 동일 대상을 지칭하는 동의어들인, 수많은 한자어와 고유어로

---

23 고종석(1999: 50).

24 송민(1988: 32): "현대 국어에 나타나는 번역 차용 가운데 다음과 같은 사례들은 매우 특수한 성격을 지니고 있다. 우선 실례부터 제시한다. 明渡, 編物, 言渡, 家出, 入會, 入口, 乳母車, 石女, 埋立, 賣上, 賣出, 追越, 大幅, 落葉, 買入, 買占, 貸切, 貸出, 貸付, 壁紙, 氣合, 生藥, 등등. 이들은 얼핏 한자어처럼 보이지만 실상은 거의 대부분이 고유 일본어에 의한 복합어들이다. 그 때문에 이들은 완전히 훈독되거나 부분적으로 훈독한다. 실제로 이들 가운데에는 한자의 조어법에 어긋나는 것이 많다. 가령 '집을 나가다'는 '出家'이어야 할 텐데 실제로는 '家出'이다. 그러나 이 어형을 일본어로 훈독할 때에는 아무런 문제도 생기지 않는다. 이러한 고유 일본어를 국어에서는 무조건 한자어로 받아들이고 만 것이다. 전통적 국어 한자는 어느 것이나 한자 조어법에 어긋나는 일이 없다."

된 이중어들의 존재이다. 이들은 언어 층위가 서로 다른데, 대부분의 경우, 한자어가 긍정적으로 표지된다. 다시 말해, 한자어들이 높임말이다. 여기서도 언어는 중립적이 아니라, 그 사용자들의 의식을 반영한다는 것을 알 수 있다. 이러한 사용상의 차이들은 문화적으로 '우위'인 언어와 '하위'인 언어 사이의 접촉과 간섭의 결과이다.[25] 오늘날에는 예전에 한문이 차지하고 있던 자리를 영어가 점점 차지해 가고 있음을 많은 사람들이 느끼고 있으나, 영어공용어론까지 대두되는 것을 보면, 이러한 현상에 대한 사람들의 생각이나 판단들에는 큰 차이들이 있는 것으로 보인다.

### 통사적 문체적 간섭

흔히 오늘날의 한국어는 백 년 전의 한국어가 아니라고들 말한다. 사실 비교적 알려진 언어들 중에서 그런 정도의 기간에 한국어처럼 크게 바뀐 언어는 별로 없으리라. 그러한 데에는 '假-' 같은 접두어나 '-的', '-化', '-式', '-性' 같은 접미사들의 차용과 일본어를 통한 '신문명어'의 대량 수입이 큰 작용을 했을 것이나,[26] 통사 면이나 문체 면에서의 간섭도 결코 무시할 수 없다.[27] 예를 들어, '납득이 가다'(納得が行く)나 '종말을 고하다'(終を告げる) 같은 일본어의 구나 연어의 수많은 모사 표현들이 그러한 것들이

25 박찬인(1994: 99)은 구게냉Gugenheim이 이미 '차용은 종종 문화적 영향의 지표'라고 지적한 것을 상기시키고 있다.

26 고종석(1999: 52).

27 김완진(1983: 249-250) 참고.

다. 심지어 복거일(2000:122-123) 같은 이는 우리 문체는 본질적으로 '중국어 번역투'의 성격을 짙게 띠고, 이는 '역설적으로 우리 고유의 시가 형식인 시조에서 또렷이 드러난다'고 말한다. 그는 황진이의 것으로 알려진 다음의 시조를 그 전형적인 한 예로 든다.

青山裏碧溪水ㅣ야 수이감을 쟈랑 마라
一到滄海ᄒᆞ면 도라오기 어려오니
明月이 滿空山ᄒᆞ니 수여간들 엇더리

그는 "'青山裏碧溪水', '一到滄海', '滿空山'과 같은 말들이 적절히 쓰인 이 시조는 중국어 번역투의 극치다. 그리고 당시 우리 문체의 전범이다"라고 단언한다. 그렇다면 '순수 한국어', '고유 한국어'라는 것은 우리가 알 수 없거나, 그 흔적을 더듬어 볼 수 없는 일종의 '이상향'쯤으로 보아야 하는 것이 아닌가?[28] 여하튼 '우리말'이라는 것이 과연 어떠한 것인지 여러 측면에서의 심도 있는 학문적 연구들이 절실하게 필요한 시점이다.

우리 민족은, 의식적이건 무의식적이건, 오랫동안 한문을 빌려 지적 작업을 해 오면서, 한글에는 창제 이후 수백 년이 지나도록 그러한 기회를 부여하지 못해 왔다. 그러한 상황에서는 '번역투'

28 박현이라는 재야 학자가 운영하는 '한국학연구소'에서는 고대의 우리말 표현들을 찾아내는 연구를 꾸준히 하고 있는데, 그 결과들이 얼마나 국어학자들이 인정할 수 있는 것들인지 궁금하다. 서로간의 교류는 일단 필요할 것으로 생각된다.

가 현대 한국어에 매우 특징적인 자질의 하나가 되었다 해도, 실제가 그렇다 해도, 별로 '이상한' 일이 아니다.[29] 그러나 '오염된 모국어'를 '순화'시키고 '정화'시키려는 '순수주의자들', '순혈주의자들'의 생각은 이와 다르다. '순혈주의자들'이 대상으로 삼는 것은 원칙적으로는 모든 '외국어투들'이나, 실질적으로는 '영어투', 특히 '일본어투'가 그 주요 대상이 된다. 황현산(1986:54)은 번역투의 난무의 원인으로 '술어적 어휘의 명사화, 대명사(그리고 소유형용사)의 빈번한 사용, 연결어미가 없이 중복되는 수식어, 문장의 갈피를 잡을 수 없게 하는 삽입절, 서양어의 전치사에 맞춰 왜곡된 조사, 과도한 수동구문과 이중부정문의 사용, 몇 개의 인습화된 서양식 어투' 등을 들며, 그러한 폐해의 원인으로는 '무분별한 직역'과 '번역 대상 텍스트에 대한 과도한 존중'을 지적하고 있다.

국어를 순화하려는 것은 이국적인 것, 이질적인 것 혹은 부조화스러운 것 등을 제거하려는 것일 터인데, 무엇을 근거로 그러한 판단을 하는가? 답은 자명하지 않다. 그렇기 때문에 어떤 이들은 '민중의 언어'를 기꺼이 수용하는가 하면, 어떤 이들은 일종의

---

29 복거일(2000: 125): "번역투는 결코 외생적이지도 이질적이지도 않다. 한국어의 처지와 특질이 가장 잘 나타나는 부면이란 점에서, 그것은 우리 언어에서 가장 한국적인 부분이다. 번역투는 서양 문명을 받아들여 사회를 발전시키려 애쓰면서 정체성을 찾는 우리 사회를 가장 잘 상징한다. 우리가 할 일은 그것을 폄하하고 배척하는 것이 아니라 그것을 우아하고 섬세하게 다듬어서 그것이 자신에 맡겨진 힘든 과업을 제대로 해내도록 돕는 것이다."

'타협'을 하기도 한다. '국어순화운동'[30]에서도 이 세 태도를 모두 볼 수 있는데, 이 운동이 본격적으로 시작된 것은 해방 이후이고, 그 후 간단없이 진행되어왔지만[31] 기대했던 성과는 거두지 못하고 있는 것으로 보인다. 반면에, 여러 학술 분야에서 추진되고 있는 용어의 '순화'는 상당한 효과를 보고 있는 것으로 판단된다.

김종택(1983:39)은 '중세국어의 가장 두드러진 특징은 구문 내용은 단순하면서도 형식은 장황하고 길다는 것'이라 말한다. 특히 《석보상절》이 그러한데, '그것은 문장을 끊는 기술이 부족한 데서 오는 것이 아니라 문장을 유기적으로 얽어매는 능력이 부족한 데 기인한다'는 것이다. 이어 '중세어에는 단순 접속 구문이 많은데, 그것은 가장 짧아지지 않기 위해서 가장 길어진 기이한 문장들이라 할 수 있다'고 지적한다. '그 밖에도 여러 가지 특징들을 중세국어는 지니고 있는데, 그것들은 대부분이 국어로 문장을 지어 본 경험이 없고, 중국어를 직역하는 데서 많은 영향을 입지 않을 수 없었기 때문에 빚어진 현상들'이라는 것이다. 특히 주목할 것은 그가 '중세어에서 근세어, 현대어로 오면서 이루어진 표현

---

30 혹자는 이 운동이 '한글'이란 이름을 제시한 이로 알려진 주시경(1876-1914)에게까지 거슬러 올라가는 것으로 본다(1913년경).

31 '見積', '手當', '手入', '言渡', '淋巴腺'과 같이 '한자어'로 잘못 간주되어 온 일본말들과, 일본식으로 된 한자어들을 전통적으로 사용하던 한자어들이나(取締 → 團束, 取調 → 問招), 고유어들(上昇勢 → 오름세, 上廻하다 → 웃돌다, 剔抉하다 → 도려내다, 三角形 → 세모꼴 등)로 대체하려는 노력을 계속해 오고 있다.

구조의 변천은 자연스러운 발달이 아닌, 소재언어Source language에 대한 영향의 극복 과정으로 설명되어야 할 측면이 적지 않'다고 본 것이다.

한편, 최석재(2000:35-35)는 개화기 시대의 긴 문장들이 1920년대를 지나면서 짧아졌다고 지적한다. 1920년대는 '서구의 단문 표현 방식이 신문화 과정에 들어와 정착하는 시기이므로 보다 좋은 문장을 찾으려는 시도'가 단문 형태로 나타났다는 것이다. 하지만, 예를 들어, 프랑스어 텍스트들의 길고 복잡한 문장들을 짧고 간단한 문장들로 옮기는 경우가 실제로 드물지 않지만, 적절한 번역 방식으로 볼 수 있는 경우 역시 드물다. 길고 복잡한 문장들이 요구되는 사고에는 그에 상응하는 번역이 필요하다.[32] 상당수의 쉼표 사용이 필요할 수도 있고, 심지어는—한국어 구두점에서 공식적으로 인정된 것은 아닐지라도—세미콜론을 사용할 수도 있다.

개화기의 한국어 문장들의 문체가 오늘날 문장들의 문체가 아닌 것은, 여러 이유 중에서도, 지난 백여 년간 한국어의 통사와 문체가 크게 바뀌었기 때문이라 하는데, 문제는 어떻게 해서 그리 되었는가 하는 것이다. 고종석(1999:238)은 '지금 우리가 외국어 번역투라고 비판하는 우리말 문장들은 모두 통사적 간섭의 결과'라고 주장한다. 일본어로부터의 통사적 간섭들이 생각보다 훨씬 더 컸다 하더라도, 이는 일본 식민지 당국의 언어 정책을 감안할

32 황현산(1993) 참고.

때 결코 놀랄 일이 아니다.[33] 인정하건 하지 않건, 접촉 상태의 두 언어가 그 문화적 역량이나 그 언어적 산출력에 있어 동일하지 않을 때에는 일종의 '모사'[34]로 간주될 수 있는 통사적 간섭, 문체적 간섭이 불가피하게 일어난다.[35] 유용성도 간섭의 한 원인이 될 수 있는데, 일본어 종결어미 '-だ'의 한국어 종결어미 '-다'[36]에 대한 영향과 현대 한국어 문학어에서의 자유간접화법의 점증적 사용[37]은 그 좋은 예들이라 할 수 있다.[38]

각자 취하는 입장이 어떠하건, 영어에 대해 R. W. 에머슨이 '영어는 세상의 모든 지류들이 흘러드는 바다'라고 한 말은 우리의

---

33 이연숙(2001a) 참고.

34 구의 모사 예로 들고 있는 것들은 '…한 것 중의 하나는'(one of the…), '…하기에는 너무 …한'(too… to…) 등이다.

35 고종석(2001: 238-239): "의미적 간섭도 있다. 이것은 어휘의 형태를 차용하는 것이 아니라 그 의미를 차용하는 것이다. 우리가 전통적으로 써 온 한자어들 가운데 일본어의 영향을 받아 그 의미가 바뀐 단어들은 의미적 차용의 대표적인 예들이라고 할 수 있다. 예컨대 방송放送이라는 말은 전통적으로 죄인을 놓아준다는 뜻이었지만, 20세기 들어서는 일본어의 영향으로 뉴스나 오락물을 전파에 실어서 내보낸다는 뜻으로 변했다. 발명發明이라는 말도 본래는 죄나 잘못이 없음을 말하여 밝힘, 즉 변명의 뜻이었지만, 일본어의 영향으로 새로운 것을 만들거나 고안해낸다는 뜻이 되었다. 발행發行이라는 말도 본디 출발한다는 뜻이었지만, 지금은 출판물이나 지폐 · 채권 따위를 박아낸다는 뜻으로 쓰인다. 신인新人이라는 말 역시 새댁이라는 뜻에서 어떤 분야에 데뷔한 지 얼마 안 되는 사람이라는 뜻으로 변했다."

36 권보드래(2000: 247) 참고.

37 김완진(1983: 251) 참고.

38 보다 세부적인 논의에 대해서는 정광(1995) 참고.

주의를 끈다.[39] H. 메쇼닉이 불어를 많은 언어들과 마찬가지로 일종의 '크레올créole'[40]이라고 한 것[41]도 맥을 같이 하는 말이다. 그런데, 어떤 이들은 '불순함의 옹호자'를 자처하고,[42] 어떤 이들은 한국어로부터 '이국적'이거나 '이상해' 보이는 모든 표현들을 기어코 축출하려 든다. 그러나 이러한 언어적 '순혈주의'는 또 하나의 '국수주의'가 아닐까? 오늘날 그 의미가 새롭게 부각되고 있는 '문화적 잡종성'과 마찬가지로, '언어적 잡종성'도 새롭게 음미되어야 할 필요가 있지 않을까?[43] 아직 끝나지 않은 국한 혼용에 대한 오랜 논란도 이런 맥락에서 다시 생각해 보아야 할 것이다.

---

39 Delisle/Woodsworth(1995: 40)는 '영어는 사실 혼종언어, 다양한 인구어들로부터 받아들인 요소들로 이루어진 혼합언어'라고 말한다.

40 '사비르sabir'는 문법구조가 불분명하고 어휘수도 적은 보조언어로서, 그 언어가 태어나고 존속케 한 필요들에 국한된다. 이들은 이차적 완전 체계들인 '피진pidgin', 그리고 사비르나 피진처럼 생겨났으나 문화공동체들의 모어가 된 크레올과는 구별된다.

41 Meschonnic(2000: 9): "언어의 문화와의 관계들에는 역사적으로 종종 순수함에 대한 강한 욕구가 솟구쳤다. 그런데 이 순수함은 불가피하게 순수하지 않은 것, 이국적인 것, 외국어 낱말들을 축출하는 경향을 갖는다. 언어들이 다양한 혼합과정을 통해, 크레올들처럼 만들어졌다는 것을 망각하고서 말이다. 프랑스어도 그러한 언어 중 하나이다."

42 고종석(1999: 25).

43 김명섭(2002): "어느 한편에 기울거나 속하지 않고 다양한 국제적 관계를 유지했을 때 가장 독창적이었던 것이 한국의 역사였다. 일차원적인 단일민족 신화에서 벗어나 문화적 잡종성을 추구할 때 비로소 우리에게 새로운 가능성이 열릴 수 있다."

**중역과 오역**

이제 문학비평가 김병익(1986)이 '한국에 있어서의 번역문학의 가장 고질적인 문제'라고 지적한 일본어 중역과 오역을 살필 차례이다.[44] 김병철(1975)의 《한국근대번역문학사연구》를 살펴보면, 일본어 중역 문제가 번역문학사에 점철되어 있음을 알 수 있다. 여기서 제기되는 문제는 중역이 정말 그 자체로 '악'인가 하는 것이다. 바우어(2000)의 대답은 '그렇지 않다'이다. 그는 말한다: "18세기 후반, 불어 번역들이나 영어 번역들에 기반한 중국어 텍스트들의 독일어로의 초기 번안은 원본과는 거리가 멀었다. 역설적이게도, 예를 들어, 괴테는 산문으로 된 번역들로부터 운문들을 만들어 내고, 모든 중국적 특성의 표지를 제거함으로써 중국시의 자연스러움에 성큼 다가설 수 있었다."[45]

물론, 번역학적으로 볼 때, B언어에서 A언어로(외국어에서 모국어로) 번역하는 하는 것이 바람직한 것처럼,[46] 제3언어를 통하기보다 원어를 직접 역어로 번역하는 것이 바람직하다. 그러나 실제에서는 일탈이 불가피하다. 노르웨이인 안틴 리드닝은 말한다. "두 가지 나쁜 것 중에서는 덜 나쁜 걸 택할 수밖에 없다. B언어로의 번역이다." 물론 '더 나쁜 건' 아무 번역도 하지 않는 것이

---

44 김병익(1986), 이경수(1986), 김인환(1993), 황현산(1996) 참고.

45 Bauer(2000: 19): "제3언어로부터의 중역들은 이론서들에서 연구된 경우가 별로 없다. 번역자에게 요구되는 두 자질인 충실성과 우아함이 나뉜 것이다. 이 중역 개념은 동일 언어에서의 재표현들로 확산시킬 수도 있다."

46 르드레르(2001: 147) 참고.

다. 중역의 경우도 마찬가지이다. 두 가지 나쁜 것, 즉 아무 번역도 하지 않는 것과 중역 중에서 후자를 택한 것이다. 이는 적어도 한국에서의 일부 중역에, 김병철(1975)이 말하는 상당수의 중역에 적용된다고 볼 수 있을 것이다.

번역에도 그 문제들이 있는 것처럼, 중역에도 그 문제들이 있다. 어떻게 원텍스트가 선택되었는가? 누가 중역하는가? 왜 중역하는가? 어떤 것을 중역하는가? 중역자의 사회적 위상이 어떠한가? 어떤 상황에서 중역하는가? 누구를 위해 중역하는가? 어떤 방식으로 중역하는가? 중역자는 원어와 역어의 관계를 어떻게 이해하는가? 등등이다.[47] 이러한 문제들에 따라 중역은 상당히 다르게 평가될 수 있다. 외국의 근대 문물을 독자적으로 받아들일 수단을 갖추지 못했던 개화기와 그 이후 시대에 민중을 계몽하기 위해서는 그나마 보유하고 있던 일본어 중역이나 기타 수단들[48]에 의존하지 않을 수 없었을 것이다. 이는 국가를 근대화하기 위해 극복해야 할 대상에게서 그 수단을 빌렸던 것이라 볼 수 있는 것이며, 따라서 어떤 면에서는, 중역이, 적어도 부분적으로는—모든 중역자들이 명확한 의식을 가지고 있지는 않았다 할지라도—일종의 소극적 '저항'이었던 것으로, 나아가 생존을 위한

---

47 중역으로 인한 '이익'(이것도 무시할 것은 아닌 것으로 보인다)이나 중간어와 역어의 정치적 관계 문제도 고려되어야 할 것이다. 윤지관(2000 · 2001a) 참고.

48 '抄譯', '縮譯', '梗概譯' 등이 있다.

'수단'이었던 것으로 해석할 수 있는 여지가 충분히 있다.[49]

아무튼 한국의 근대화가 중역에 크게 빚지고 있는 것은 부정할 수 없을 것이다. 1960년대와 70년대의 문학전집들에 나타나는 중역들은 그 시대들의 요구와 필요를 생각하면 이해가 가는 측면들도 있으나, 중역가들의 직업 의식 부재는 지적하지 않을 수 없다. 특히 번역할 작품들의 선택에서까지 일본에 거의 전적으로 의존했다는 것에는 변명의 여지가 별로 없다.[50] 일본어 중역에서 벗어나고자 하는 움직임이 본격적으로 시작된 것은 70년대로 보인다. 80년대에는 서양어, 특히 영어로부터의 직접 번역이 크게 늘어나게 되는데, 사회과학 분야에서의 약진이 눈에 두드러진다.

이제 오역誤譯에 관해 살펴보자.[51] 때로 오역과 악역惡譯[52]을 구분하기도 하는데, 악역은 번역에 명료성의 결여되어 있거나 논리적으로 불충분해서 이해가 쉽지 않은 번역을 말하나, 양자의 구분이 늘 명확한 것은 아니다. 여기서는 양자를 뚜렷하게 구분하지 않은 상태로 오역 개념을 사용하기로 한다. 오역의 주요 원인 중 하나는 논리의 결여 혹은 부족일 터인데, 이는 종종 한국어 자

---

49 로빈슨(2002) 참고.

50 윤지관(2000) 참고.

51 '오역誤譯'은 'traduction erronée', 'traduction inexacte', 'traduction fausse', 'erreur de traduction' 등 다양한 의미를 가질 수 있다.

52 문용(1990: 24)은 악역보다 더 고약한 것은 번역의 포기라고 하면서 〈Towering Inferno〉를 "타워링"으로 옮긴 영화 제목의 예를 들고 있는데, 조금 더 심한 것은 〈Trois hommes à abattre〉라는 프랑스 영화를 "호메스"라고 옮긴 경우일 것이다.

체에 기인하는 것으로 간주되기도 한다. 한국어가 그다지 논리적이 아니라는 말들을 한다는 것이다. 하지만, '명료하지 않은 것은 프랑스어가 아니'라고 한 리바롤도 볼테르에게 조소를 당했다. 어떤 언어도 그 자체로는 명료하지도 모호하지도 않다. 우리는 한 언어를 명료하게 혹은 모호하게, 그리고 논리적으로 혹은 비논리적으로 사용할 수 있을 뿐이다. 한국어가 그다지 논리적이지 못한 언어로 생각되어 왔다면, 그런 식으로 사용해 온 결과에 지나지 않는다. 그러한 논리상의 결여나 결함은 언어 내적인 이유에서 기인한 것이기보다는 논리적 혹은 수사적 글쓰기 훈련이나 생각이 부족했던 탓으로 돌려야 할 것이다.

《역사 속의 번역가들》(1995)라는 논문 모음집의 〈번역가, 국어의 건설자들〉이라는 부분의 저자들은 달랑베르(1717-1783)의 말을 빌려 '잘된 번역은 언어를 풍요롭게 하는 가장 확실하면서도 빠른 길'이라고 단언하며, '한 문화의 일부 명저들을 다른 문화로 옮기면서 번역자들은 그 언어 자체의 형성에도 기여한다'고 지적한다.[53] 한국에도 '잘된' 번역들은 없지 않을 것이나, 우리는 윌리엄 틴데일[54]도, 루터도, 자크 아미요도 갖지 못했다. 우리가 잘된 번역보다 오역에 대해 보다 자주 말하는 것은 어쩌면 잘된 번역들

53 이를 위해 저자들은 영어, 프랑스어, 스웨덴어, 독일어, 그바야어, 희브리어의 경우를 살피고 있는데, 한국어의 경우와는 다소 차이가 있다.

54 Delisle/Woodsworth(1995)는 영어에 대한 틴데일의 역할을 물리학에 대한 뉴턴의 역할(45)과 루터가 독일어에 대해 한 역할(47)에 비교하고 있다.

이 잘못된 번역들에 가려져 있기 때문이 아닐까? 그런데 왜 그렇게 오역이 많은 것일까? 외국어만 알면 아무나 번역을 할 수 있다고 생각해 온 것[55]도 그 이유 중 하나일 것이다. 잘못된 번역에서 비난받아야 할 것은 B → A 방향의 번역이 아니라, '자신들의 무지함을 모르는 채 번역하기보다는 모사를 하는 사람들의 무책임성'이라는 르드레르(2002:148)의 말을 곱새겨 볼 일이다.

### 번역관

번역관들을 언급하기에 앞서 불한사전에 나타난 차용어들을 잠깐 살펴보자. 김병철(1998)은 1950년대부터 80년대까지 번역된 프랑스 소설은 2,128권에 달한다고 하는데, 사전에 나타난 프랑스어에서 차용된 낱말들은 아주 소수이다. 또한 김영선(2000)에 의하면, 8,000여 외국어 차용어가 실려 있는《엣센스 국어사전》에 프랑스어 차용어는 358(명사는 331)개라고 한다. 이는 전체의 4.3%로서,[56] 82.68%에 달하는 영어 차용어와는 비교가 되지 않는다.[57] 이 358개의 차용어들을 의미장에 따라 나누고 있는 김영선은 차용어가 제일 많은 의미 영역은 58개를 보인 문학과 철

---

55 이경수(1986: 276).

56 '퀼로트 스커트', '그린베레' 같은 혼합 차용어는 계산에 들어가지 않았다.

57 일본 한자어와 중국 한자어는 각각 36개와 4개로, 각각 0.43%와 0.05%를 차지한다. 그러나 이는 실제와는 거리가 상당히 멀다. 박숙희(1996)는 한국어사전들에 70%가 한자어들(25%가 일본 한자어에서 온 것)이고, 유럽어에서 온 것은 6%, 일본어에서 온 것이 5%라고 말한다.

학[58](16.2%)이라며 프랑스어 차용의 한 특색으로 지적하고 있는데,[59] 이는, 굳이 말하자면, 차용의 '번역관'이라 이름할 수도 있을 것이다.

본격적인 번역관 중 우선적으로 언급되어야 할 것은 불문법서나 불한학습사전들에서 엿볼 수 있는 프랑스어 교육에서의 '번역관'이다. 바로 대어역 혹은 흔히 직역[60]이라고 하는 문자적(자구적) 번역으로,[61] 번역자들이 은연중 영향받게 되는 간섭들의 한 원천이라 할 수 있다. 물론 별 탈 없이 직역할 수 있는 문장들, 즉 상황이나 맥락을 고려하지 않고 번역할 수 있는 문장들도 상당수 있는 것이 사실이나, 그렇지 않은 문장들이 훨씬 더 많다. 이러한 문장들은 상황이나 맥락이 주어져 있지 않다면 적절한 상황이나 맥락을 부여해야 한다. 'Je vais à l'école'같이 간단한 문장이라 할지라도 가능한 상황이나 맥락을 생각해서 문법의미들이 어떻게

58 '이마주', '오브제', '시니피앙', '시니피에'처럼, 자주 쓰이나 사전에 올라 있지 않은 낱말들도 있다.

59 1998년의 한 통계에 의하면, 제일 많이 번역된 언어가 일본어(43%)로, 만화 때문인 것으로 보인다. 그 다음이 미국어(26%), 프랑스어(6%), 영어(6%), 독일어(3%) 순이다. 박찬인(1994)도 김영선(2000)과 다소 다른 분석을 보이고 있다.

60 Catford는 드물게 대어역과 문자역을 구분하고 있는데, 그는 원문 'It's raining cats and dogs'에 대해 'Il est pleuvant chats et chiens'은 대어역, 'Il pleut des chats et des chiens'은 직역, 'Il pleut à verse'는 자유역이라고 본다. Pergnier(2001: 50) 참고.

61 이는 다른 외국어들에 대해서도 마찬가지일 것이다. 직역은 비교문체론의 한 번역 방법이다.

그 문장과 상호 작용하는지 살펴야 한다.[62] 그렇지 않으면 번역이 아주 어색해질 수 있는데, 실제로 그런 일이 매우 빈번하게 벌어지고 있다.[63]

텍스트 번역의 경우도, 문학번역이든 아니든, 한국의 번역자나 독자들이 크게 선호하는 번역은 이른바 유려한 번역이다.[64] '자연스런 번역'[65]이라고도 하는 이 번역은 대개 '맞는' 혹은 '옳은' 번역으로 간주되는데, 어쩌면, 적어도 어느 정도는, 오역과 중역에 대한 반작용으로 볼 수 있을 것이다. 어떤 이들은 원문이 보이지 않거나 느껴지지 않는 번역이 잘된 번역이라고 단정하기도 한다.[66] 하지만, 잘된 번역이 하나만 있는 것은 아니다. 번역의 대상, 목적, 필요 등 다양한 요소들에 따라 다양한 '적절한' 번역들이 존재할 수 있다. 심지어 문학번역에서도 '잘된 직역'이 있을 수

---

62 학교에서 백점짜리 번역으로 간주되는 직역 '나는 학교에 간다'(私は学校へ行きます)는, 이와 대응된다는 자연스런 프랑스어 표현과는 달리, 실생활에서 그대로는 아주 쓰이기 어렵다. 적절한 번역을 얻기 위해서는 누가 'Où vas tu?' 라고 묻는 상황 등을 부여해야 한다. 그렇게 되면 상황과 어울리는 '학교 가', '학교 가요', '학교에 갑니다' 등의 번역을 얻을 수 있다.

63 위에 말한 직역이 가능한 문장들도 오히려 맥락이나 상황 부여가 별 의식 없이 이루어지는 경우들로 보아야 할 것이다.

64 《미메시스》(1999) 참고.

65 황현산(1993: 161)은 오늘날 '우리말다운 번역', '자연스러운 번역'이 하나의 미신이 되어 있다고 지적한다.

66 김석희(1999: 33): "우리말 속에 녹아든 번역, 그러니까 우리 글 속에서 원문이 보이지 않는 번역, 이것이 가장 좋은 상태의 번역이라고 믿고 있습니다. 반대로, 번역된 책을 읽을 때 그 글에서 원문이 날것으로 읽힌다면, 그것은 잘된 번역이라고 하기 어렵습니다."

있다.[67] 핌(1997)이 말하는 '다중적 인과성'을 음미해 볼 필요가 있다.[68]

우리 모두 번역을 하기 위해서는 우선 번역할 텍스트를 잘 이해해야 한다는 걸 안다. 하지만, 그러한 이해를 위해서는 문법의미를 꼼꼼히 따져 보는 것이 필요하다는 것에 사람들은 별로 주의를 기울이지 않는다. 그런데 번역의 실제 예들을 살펴보면, 번역의 일차적인 실제적인 문제는 문법이라는 것을 알 수 있다.[69] 베르만(1999)은 '번역에 이론은 없을 수 있으나 생각은 없을 수 없다'[70]고 말한다. 텍스트가 어떤 것이건, 적합한 번역에 필요한 것은 '번역을 생각하는 것'이란 말인데, 무엇보다 꼼꼼히 따져 보아야 할 것은 바로 문법, 번역문법이다.[71]

레비(2000:168)는 텍스트가 너무 압축적이고 난해해서 군데군데 건너뛰고 싶은 유혹을 받는 번역자가 절망스러워지는 그런 텍

67 Berman(1999: 97-114)를 보라.

68 Pym(1997: 98): "다중적 인과성에 탐구적 유용성이 없지 않다. 한 번역의 산출 여건들을 넘어, 이 개념은 왜 주어진 상황에서 어떤 선택들은 다른 것들보다 하기가 쉽다거나, 왜 어떤 전략은 구사하기가 보다 어려운지 알게 해준다. 이러한 관점에서는 번역의 어떤 특징이 보편적으로 옳다거나, 혹은 보다 간단히, 어떤 경우에라도 실현 가능하다고 단언할 수가 없다."

69 전성기(2002a) 참고.

70 Oseki-Dépré(1986: 72)는 이를 (a) 번역을 '생각하지' 않고 번역하는 것은 점점 더 어려워진다는 것과 (b) 오늘날 '번역에 대한 하나의 사고 속에 자리하지 않고'는 번역이 불가능하다는 것을 뜻하는 것과 마찬가지로 해석한다.

71 번역학에서 문법의미 문제를 번역학의 한 문제로 보는 경우는 거의 없다. 르드레르(2001: 24) 참고.

스트들이 있는데, 특히 일반 독자는 대개는 그런 경우의 번역자가 얼마나 힘든 노력을 하는지 제대로 알아보지 못한다고 말한다. 그래서 그는 번역에 왕도와 완벽한 해결책은 없다는 것을 고려하지 않을 수 없다고 지적한다. 레비가 말하는 경우에는 '유려한' 번역은 '반역'이 될 수도 있다. '자연스러운' 번역이 만병통치는 아닌 것이다.

김병철(1975)에 따르면, 역사적으로, 적어도 1920년대 이래, 한국에 번역에 대한 논쟁이 없었던 것은 아니다. 그러나 본격적으로 '번역을 생각하기' 시작한 것은 아마도 80년대 중반이 아닐까 하는 생각이 드는데, 황현산(1986)의 〈불문학—번역과 번역창작〉은 하나의 전환점으로 간주될 수 있을 것이다. 그는 '우리에게 번역에 관한 논의가 있었다면, 그것은 학문적 · 이론적이기보다 윤리적인 성격을 띠는 경우가 더 많았다'며, '윤리적 뒷공론은 윤리를 세워주지 못했을 뿐만 아니라 비평을 불가능하게 만들었'고, 그래서 '번역은 그 존재가치를 입증할 길이 없었다'고 지적한다. 그는 번역이 '하나의 텍스트에 대한 열등한 텍스트에 그칠 수는 없다'며, '문학 · 언어교육의 보조수단에서 벗어나 새로운 문학이론, 새로운 언어이론의 산출을 가능하게 하는 방법의 높이에까지 오를' 수 있도록 하는 '번역비평'의 필요성을 제기하고 있다.[72]

황현산은 자신의 글쓰기가 오랜 기간에 걸친 고심 어린 프랑스문학번역작업의 결과라는 것을 토로하는데, 음미해 볼 만하다.

---

72 황현산(1993) 참고.

이는 다소 특별한 경우라 할지 모르겠으나, 번역의 영향이 그에게 국한되는 것은 아닌 것은 분명하다. 사실, 한국의 거의 모든 작가들이 젊은 시절에 읽었던 작품들의 번역 문체들에 얼마간은 영향받았다. 개화기 이후에는 그들 중에 특히 이른바 '한글 세대'(일본어를 모르는 세대)가 현재의 우리 글쓰기에 제일 크게 영향을 미치지 않았는가 생각되는데, 이들 가운데에는 그 역할이 적지 않았던 프랑스문학 전공자들이 여럿 있다.

미셸 메이에르(1993)는 '수사'를 '하나의 문제에 대한 주체들 사이의 거리 교섭'으로 정의하고 있는데, 번역도 이러한 관점에서 살필 수 있을 것이다.[73] 원문의 의미 해석은 저자가 뜻한 바와 역자가 해석하는 의미 사이의 일종의 '교섭'이라 할 수 있는데, 이른바 '직역'을 해도 별 무리가 없는 텍스트는 맥락의 역할이 비교적 작은 것이어서 다양한 교섭 차원의 고찰을 그다지 필요로 하지 않는 텍스트라고 할 수 있다. 바꾸어 말하면, 맥락이나 상황의 고려가 크게 필요치 않으니까 '직역'이 가능하다는 것이다. 반면에, 맥락이나 상황을 고려할 필요가 커질수록 '직역'이 통할 가능성은 그만큼 줄어든다.

문제는 주어진 텍스트에 대한 언어와 맥락의 역할이 언어마다 같지 않다는 것이다. 르드레르(2001)는 번역은 제유에 의존하는데, 이 제유는 언어에 따라 가변적이라고 말한다. 원어를 대어역하는 것도 교섭의 포기이지만, 역어의 어법을 최우선시해서 원

73 전성기(2007a) 참고.

어를 소홀히 하는 것 또한, 어떤 면에서는, 교섭의 포기라 말할 수 있다. 위르타도 알비르(1990)는 번역의 대상은 낱말이 아니라 낱말의 의미이며, '충실성'은 '저자의 의도', '역어', '독자' 이 모두에 대한 '충실성'이 되어야 한다고 주장하는데, 이는 번역에 있어서의 '거리'에 대한 '교섭'이 적어도 세 측면에서 이루어져야 함을 뜻하는 것으로 해석할 수 있을 것이다.

### 에필로그

한국어란 무엇인가? 선전문구 같은 이 표현을 일반적 표현으로 바꾼다면 '어떤 것이 한국어인가?', '한국어는 어떠한 언어인가?' 등이 될 것인데, 이는 한국어의 정체성에 관한 물음이다. "현대 한국어 문어의 형성에 번역의 영향이 매우 컸다"는 것은 이러한 정체성의 이해를 돕는 한 지적이다. 그러나, 역설적으로 한국어의 '올바른 사용'과 '잘된 번역'이 무엇인지 생각하도록 한, 오역에 대한 시비는 언어적 정체성에 대한 시비라기보다는 한국어의 언어적 '주체성'에 대한 시비였다고 할 수 있다.[74] 언어적 순혈주의의 좌우명이라 할 수 있는 '가장 한국적인 것이 가장 좋은 것'이란 말도 언어적 주체성의 갈등에서 비롯된 것으로 보아야 할 것이다.

그런데 이러한 순혈주의로 다양한 언어적, 표현적, 의사소통적 필요성에 부응할 수 있을까? 프랑스어, 특히 영어 같은 국제 공용

74 탁석산(2001a · 2001b) 참고.

어의 형성 과정을 살펴보면 그렇다는 답을 하기가 어려우리란 생각이 드는데, 어쨌건 우리에게 우선적으로 필요한 것은 한국어의 언어적 정체성과 주체성의 규명 작업이다. 그리고 현대 한국어의 형성을 번역과 관련지어 살피는 것은 전자의 한 작업이 된다.[75] 물론 언어적 정체성은 언어적 주체성과 매우 밀접한 관련이 있다. 한국어의 형성의 관점에서 볼 때, 번역에서 매우 중요한 것은 '번역에 대한 의식'으로 생각되는데, 이는 언어적 정체성 못지않게 주체성과도 관련된다. 한국에서의 번역에 정말로 '잘못된' 점이 있다면, 그건 번역에 대한 '무의식'이라고 말할 수 있을 것이다. 이러한 무의식의 문제 중 하나는 그러한 무의식도 번역에 대한 어떤 태도라고 하는 것을 망각했다는 점일 것이다.

비교문체론의 관점에서 볼 때는, 한국어로의 번역의 역사적 특징은, 한자어 부분에서 살펴본 '차용', 통사적 문체적 간섭 부분에서 살펴 본 '모사', 그리고 '직역'으로 이루어지는 '직접 번역'이 '등가', '번안', 특히 품사의 전환을 말하는 '치환'과 관점이나 시점의 변이를 말하는 '변조'로 이루어지는 '간접 번역'에 비해 훨씬 우세했었다는 것이다. 전자에 비해 '진정한' 번역이라 말할 수 있는 후자에 대해 소홀했었다는 것은, 어떤 점에서는, 우리의 번역에 대한 태도가 그다지 의식적이지도 치열하지도 못했었다는 것을 반증하는 것이기도 하다.

75 학문 용어들의 성립에 대한 고찰도 중요한데, 강영안(2002)이 좋은 참고 자료가 될 것이다.

한국에서 번역에 관심 갖는 사람들이 우선적으로 해야 할 일은 수많은 번역서들 여기저기에 흩어져 있는, 이중어사전들에 아직 등재되지 않은, '잘된' 번역들을 추려내어 사전이나 문법서들에 싣는 것이 아닐까? 이는 외국어 번역을 통해 국어를 고양시키는 하나의 방법이 될 것이다. 한국의 번역가들은, 어쩌면 자신도 모르는 사이에, 한국어가 새로운 표현 가능성의 수단이 되어 생생한 현대적 의사소통 수단의 도구가 될 수 있도록 큰 역할을 해 왔다. 이제는 그들의 작업을 잘 살펴봄으로써 그들의 숨은 노력의 결과들을 드러내야 할 때이다. 시인들이 문법의 한계에 도전함으로써 새로운 표현들을 얻어내듯이, 치열한 의식적 노력을 통해 번역자들이 얻어낸 새로운 어휘적, 통사적, 문체적 표현 수단들을 정리하는 것은 한국어의 표현 역량의 향상을 위해서도 의미 있는 일이 될 것이다.

# II. 번역과 번역비평

## 언어기호학적 이해

**프롤로그**

현대 기호학의 두 원천이라는 소쉬르와 퍼스가 번역 관련 담론에서 그다지 두드러진 역할을 하지 못해 온 것, 특히 소쉬르 기호학이 그러한 것에는 여러 이유가 있겠으나, 라스티에(1997:126)가 말하듯이, 지금까지 탐구의 초점이 텍스트가 아니라 기호에 맞추어져 있었던 것이 아마 그 중요한 원인일 것이다. 그리고 이와 관련하여 소쉬르 기호학의 주요 개념들, 예를 들어, 가치 개념, 랑그/파롤, 시니피앙/시니피에 등이 번역 관련 담론들에서 이해되기보다는 보다 많이 오해되어 왔다는 것도 적잖이 작용하였을 것이다. 소쉬르 기호학을 긍정적으로 수용하면서도 기호학이 랑그의 기호학뿐 아니라 동시에 담화의 기호학이 되기 위해서는 소쉬르의 기호 개념으로부터의 탈피가 불가피함을 주장한 벤베니스트에게서나, 기호보다 기호 이전의 과정에 초점이 맞추어진 그레마스 기호학에서나, 《일반언어학 강의》로 인한 소쉬르 기호학에 대한 '곡해'가 없지 않았던 것으로 보인다.

최근에 발견된 소쉬르의 《일반언어학 노트*Ecrits de linguistique générale*》, 그리고 이와 관련된 기호학 연구들은[1] 예전의 소쉬르 기호학 연구들을 언어기호학적 관점에서 다시금 살펴볼 필요를 느끼게 한다. 이들에 대한 탐구는 주요 개념들에 대한 새로운 이해를 가능하게 하고, 나아가, 언어기호학적 접근이 번역 일반이나 번역 비평의 이해를 위한 하나의 '경로'가 될 수 있음을 보여줄 것이다. 그러한 탐구는 언어 자체의 기호학적 성격으로 인해 번역과 번역 비평의 이해가 번역문법,[2] 수사학, 해석학에 의해 상호 보완적으로 이루어지는 것이 불가피하다는 것도 보여줄 것이다. 텍스트 번역에 초점을 맞추어, 언어기호학과 관련되는 기존의 다양한 담론들을 살피는 것은 오역비평을 넘어선 본격적인 번역비평은 물론, 인문학번역을 번역인문학[3]으로 발전시킬 필요가 절실한 오늘의 시점에서 하나의 의미 있는 작업이 될 수 있다.

### 기호적 전능성과 번역 가능성

우선, 번역과 관련하여 살펴야 할 것은 데 마우로를 비롯한 여러 소쉬르 학자들이 관심을 가졌던 자연어의 '기호적 전능성' 문제이다. 자연어가 자신을 포함한 모든 것에 대해 말할 수 있다는 것, 즉 자연어가 '전능'하고 '재귀적'이라는 데에는 여러 기호학자들

1 본 장은 논증상의 필요로 인해 전성기(1996 · 1999)에서 상당 부분을 직 · 간접적으로 인용 혹은 활용하였음을 밝혀 둔다.

2 전성기(2002a) 참고.

3 본서 'III. 번역인문학과 번역비평' 참고.

의 견해가 일치하는데, 이는 말하자면 자연어 '고유의 특성'이다. 예를 들어, 프리에토(1975:139)는 '기호적 전능성'을 이중분절 덕분에 나타날 수 있는 자연어의 '근본적' 특성으로 간주했는데, 이 기호적 전능성의 '증명'은 '번역 가능성'을 통해서만 가능하다고 보았다. 그는 번역에 쓰인 코드 체계가 기호적 전능성을 가질 경우에는 번역 가능성이 무한하고, 그 반대의 경우에는 이 가능성이 한정된다고 말한다(135). '기호적 전능성'을 데 마우로처럼 '말하고자 하는 것에 관해 말하는 능력 속에 나타나는 체계의 특성'이라 규정한 아마케르(1975:114)는 '자의성'을 그 원인으로 보았고, '어휘적 시니피에'의 '신축성élasticité'과 상관 관계에 있다고 풀이한다.[4]

벤베니스트(1974)는 '기호적 전능성'과 유사한 언어의 '전능적 해석성'이 '이중의미양식', 즉 '기호론적 의미양식'과 '의미론적 의미양식'이 언어에 공존하는 덕분으로 보았는데, 이 두 양식 사이에는 '단절'이 있어 소쉬르의 기호이론이 기호론의 바탕이 되기는 해도 의미론에는 전혀 적용되지 않는다고 말한다. '기호적 전능성'에 대한 설명 요인으로, '자시성autonymie'[5]을 포함한 언어의 '메타언어적 기능'과 '다의성', 지시사와 지시소deixis의 존재

---

4 아마케르(1975: 113)에 의하면, 이 어휘적 시니피에의 신축성은 언어에 내재하는 속성이기도 하지만, 언어 외적인 상황의 역할에 힘입는 바도 크다고 한다.

5 "'인간'은 명사이다"에서 '인간'은 '자시어autonyme'이다.

등도 들 수 있을 것이나,[6] 이러한 요인들을 모두 고려한다고 해도 자연어의 '기호적 전능성'이나 '번역 가능성'에 대한 충분한 설명이 된다고 보기는 어렵다. 바꾸어 말해, '기호적 전능성'을 기호학적으로 설명하는 데에는 한계가 있는 것으로 보인다. 경험 의존성이 강한 것으로 보이는 이 가능성을 심층적으로 살피기 위해서는 랑가주와 랑그, 파롤 모두가 고려되어야 하고, 특히 언어 사용자의 '언어능력'으로서의 '랑가주'의 측면이 고려되어야 할 터인데, 이 '언어능력' 자체는 기호학적 고찰의 대상이 되지 못하고 있다.[7] 기호적 전능성이 주로 '어휘적 시니피에의 신축성'에 의한 것이란 것도 기호적 전능성이 아니라 기존의 '의미장'들에 대한 '시니피에의 전능성'을 말하는 것이지 번역 가능성 일반에 대한 설명은 아니다.

G. 무냉(1979:323)이 번역사를 '번역 가능성의 증대의 역사'로 본 것에서 알 수 있듯이, 번역 가능성은 실제적 번역들에 의해 증대되는 것이라 말할 수 있다. 무냉은 '번역 불가능성'은 선험적으로 전혀 결정적인 것이 아니며, 언어들의 변천에서 어떤 시기의 역사적 상태를 부분적으로 반영하는 것으로 본다.[8] 그러니까 번역 가능성은 언어에 주어진 것, 당연한 것이 아니라는 것이다. 번

6 전성기(1996) 참고.

7 Kyheng(2006)은 소쉬르는 랑가주를 '능력faculté'이 아니라 '능력의 사용exercice d'une faculté'으로 정의하는데, 소쉬르에게 랑가주는 언어들langues을 일반화한 것이고, 랑그와 파롤을 합한 것이기도 하다고 설명한다.

8 Tröger(2004: 752)에서 재인용.

역학의 핵심 개념인 등가성도 주어진 것이라기보다는 구축되는 것으로, 나아가 기존 사전들의 등가물들도 언어-문화현상의 일부에만 해당되는 것으로 보아야 할 것이다. 코르도니에(2002:46)가 말하는 것처럼, 문화 간의 접촉이 잦을수록 번역 가능성이 커지는 것은 사실이나, 이러한 접촉이 실제적 번역이어야 이해의 가능성을 넘어 실제적 번역 가능성이 그만큼 커지는 것이다. 문법이건 어휘건 기호적 수단들의 증가는 번역 가능성의 증대로 이어질 것이다.[9] 여기에 덧붙여야 할 것은 최신한(2001:120)이 지적하는 '언어의 사유 의존성'이다. 그는 '언어 사용자의 독특한 사유가 기존의 언어 체계에 새로운 언어를 보태는 것'이라 말하는데, 이러한 사유의 확장과 심화에 의해 언어의 폭이 넓혀지지 않는다면, 즉 언어 사용 주체에 의한 언어의 적극적 활용 없이는 번역 가능성의 증대를 말하기 어려울 것이다.

### 직역/의역과 관련 문제들

'시니피앙에 매달리는 사람들'을 출발론자들로, '시니피에를 존중하려는 사람들'을 도착론자로 규정하는 라드미랄(2004:29-30)은 '출발론에 입각한 번역은 랑그 차원의 번역'으로, '도착론에 입각한 번역은 파롤 차원의 번역'으로 본다. 이중어 사전이나 문

9 랭켄(2002: 43)도 '번역의 기본적 역할 가운데 하나는 목표어의 잠재력의 증대'이고, 이러한 '증대'는 '번역에서 익숙지 않은 것에 해당하는 것을 규범화하는 것'이라고 말한다.

법서에서 흔히 볼 수 있는 '직역'을 랑그의 번역으로 생각하는 경향도 있는가 하면, 적지 않은 사람들이 '의미'와 '시니피에'를 구분하지 않고, 번역의 대상을 시니피에로 보고 있기도 하다. 직역/의역 혹은 문자역/자유역과 유사한 대립쌍들은 형태적 등가/역동적 등가, 드러난 번역/감춰진 번역, 이국화 번역/자민족 중심 번역, 원천지향 번역/목표지향 번역, 윤리적 번역/병합적 번역 등 다수이다.[10] G. 무냉은 '출발어의 언어적 특성', '원작에 묻어 있는 시대의 향취', '원작과의 문화적 거리'라는 세 측면에서 '직역과 의역을 재조명'하면서, 직역은 이 세 측면에서 '원문을 절대적으로 존중하는 번역'이고, 의역은 '가독성이 손상되지 않는 범위 내에서 원문을 존중하는 번역'이라며 직역과 의역을 새롭게 정의한 바 있다.[11]

문제는 이 직역/의역을 랑그의 번역/파롤의 번역, 시니피앙의 번역/시니피에의 번역 등과 대응되는 것으로 간주할 수 있는가 하는 것이다. 다르벨네(1970)는 '문자역'을 할 것인가 '자유역'을 할 것인가 하는 문제는 잘못 제기된 문제라 말한다. 답은 '문자역'도 아니고, '자유역'도 아니라는 것이다. 핵심은 '정확히' 번역하는 것이지 형태를 간직하느냐 바꾸느냐 하는 것은 별로 중요하지 않다는 것이다. 그에 의하면, '정확한 번역'은 한편으로는 원본의 의미와 색조를 존중하고, 다른 한편으로는 구조, 말결, 문화의 이

---

10 Hewson(2004: 124) 참고.

11 Ladmiral(2004: 31) 참고.

미지와 현상들에서 도착어의 온전성을 존중하는 번역이다. 휴슨(2004:131-132)도 '잘된' 문학번역은 원천 지향적도 목표 지향적도 아니라고 말한다. 그러한 번역은 하나의 '진정한 글쓰기'에 의하여 그 효과가 산출된다며, 위의 대립쌍들 대신에 '규범화 번역'과 '창조적 번역'을 내세운다. 코르도니에(2002:49)도 번역의 다시쓰기 작업은 시니피앙스/의미의 선택의 문제가 아니라 '기호 전체'에 대한 작업이라고 말한다. 목표 중심적도 아니고, 원천 중심적도 아니라는 것이다. 이 다시쓰기 작업은 랑그의 번역이 아니라 담론을 번역하는 것이다.

그런데 '정확히' 번역하려면 우선, 흔히 '지시적 의미'라고 말하는, 텍스트의 기호들의 대상과의 관계를 '정확히' 파악할 수 있어야 할 것이다. 이것이 전제되지 않는다면, 자유역은 너무 자유로운 번역, 제멋대로의 번역 내지는 번안이 될 가능성이 농후하고, 문자역도 너무도 자유로운 그래서 제멋대로인 문자역이 될 가능성이 크다. 문제의 전제 조건이 텍스트의 난해성으로 인해 충족되지 않는 번역은 그것이 직역이든 의역이든 적어도 얼마간은 문제가 발생하기 마련이다. 원칙적으로 텍스트의 종류, 번역자의 의도, 독자의 층 등에 따라 다양한 번역이 가능할 터인데, 지시적 의미가 충분히 파악이 된 상태에서 그 외의 '변별적'이라 판단되는 의미들을 최대한 포착하여 재현하는 번역은, 이상적인 것이긴 하나, '최대한'의 '의역'이면서 동시에 최대한의 '직역'이 될 수도 있다. 그렇지 못하더라도, 실제에서의 번역은 끊임없는 교섭과 선택, 의사결정의 과정이기에,[12] 직역과 의역이 더 이상 대립이 되지 않는 번역은 다양하게 존재할 수 있다.

《일반언어학 강의》에 나타난 소쉬르 기호학의 관점에서 보면, 기호의 체계이며 '가치'의 체계인 랑그는 번역의 대상이 아니고 될 수도 없다. 역시 가치의 체계인 기호를 이루는 시니피앙과 시니피에는 불가분의 관계에 있으니, 시니피앙에 '매달린다'는 것은 시니피에를 소홀히 한다는 뜻이고, '시니피에'만 번역한다는 것은 기호의 다른 하나의 측면은 소홀히 한다는 것이다. 라스티에(1996b:14)는 시니피앙을 바꾸는 것은 기호를 바꾸는 것이고, 따라서 시니피에를 바꾸는 것이라 말한다. 시니피앙과 시니피에의 가치적 측면을 고려한다면 이들은 '옮겨질 수 없는 것들'로 보아야 할 것이다. 라드미랄(1979:206)도 번역은 랑그의 단위들에 의해 이루어지는 것이 아니라, 파롤의 단위들에 의해 이루어지는 것임을 분명히 한 바 있다. 번역이나 번역비평을 기호학, 특히 텍스트 기호학의 관점에서 고찰하는 것은 직역/의역의 번역론상의 갈등을 넘어 이들을 보다 포괄적으로 이해할 수 있게 하는 하나의 단초를 제공하는 것으로 생각된다. 이 문제의 대한 예비적 접근으로서, 번역 문제와 일견 멀어 보이는, 그러나 언어기호학의 관점에서는 핵심적인 기호의 자의성, 그리고 이와 관련된 형식과 실질의 문제를 잠시 살펴보자.

---

12 Ladmiral(2004: 31) 참고.

## 기호의 자의성과 형식의 문제

랑그는 기호들의 체계이고 기호는 시니피앙과 시니피에의 결합으로 이루어지는 양면적 존재인데, 이 양자의 관계가 '자의적'이라는 것은 소쉬르 기호학의 첫 번째 원리로 알려져 있다.[13] 소쉬르 언어학자들이 공통적으로 지적하는 것은 엄밀한 의미의 절대적 자의성은 존재하지 않는다는 것인데, 아마케르(1975)의 해석에 의하면, '자의성'은 일반기호학적 원리이고, 이에 대응하는 언어학적 원리는 '무연성immotivé'이다. 그는 시니피앙의 '선형성'은 일련의 자의적 체계들 중에서 언어를 특징짓는 가장 중요한 원리이며, 언어에 고유한 자의성의 제한 원리라고 본다. 이러한 자의성의 제한, 즉 '유연성motivé'은 '문법적 가치들', 보다 구체적으로는, '연합관계'와 '통합관계''에 의해 표현된다는 것이 아마케르의 견해이다. 이러한 관계들은 문법 층위는 물론 어휘 층위에도 적용되는데, 슈발리에/로네/몰로(1984)는 언어체계 거의 전체가 어떻게 '유연성 기제'와 관련되는지 잘 보여 준다. 케르브라-오레키오니(1980:75)가 시니피에를 '외시물dénoté의 변별적 특성들의 이마주'라고 한 것은 어휘적 요소들의 유연성을 단적으로 지적한 것이다.[14]

---

13 Amacker(1975)에 의하면, '근원적 자의성'이라고도 불리는 이 원리는, 소쉬르의 모든 이원 대립의 설명 원리가 된다. 그는 자의성은 '공리'에, 이원 대립들은 '정리'들에 비유한다. 그는 소쉬르가 언어적 실체entité의 특성으로 본 자의성, 차이성, 대립성, 구체적 산출 수단과의 무관성도 기호적 자의성을 분석적으로 발전시킨 '필연적 결과'로 해석한다.

라이언스(1970:48)는 언어가 '형식forme'이지 '실질substance'이 아니라는 것을 현대언어학의 가장 근본적 원리의 하나로 본다. 데 마우로(1972:443)는 소쉬르의 랑그 이론은 무엇보다도 형식으로서 이해되어야 할 것이라고 지적하였으며, 코르네유(1976:164)는 형식과 실질의 구별이 '모든 구조주의적 분석의 목적 그 자체'라고까지 말한 바 있다. 그러면 자의성은 언어의 '형식성'과 어떻게 관련되는 것인가? 예를 들어, 벤베니스트가 말하는 기호학적 양식과 의미론적 양식 사이의 '단절'이나, 그레마스 기호학이 '기호에서 벗어나는 것'에 관심을 갖게 된 것, 그리고 리쾨르(1974)가 말하는 구조주의 언어학의 '역설'은 양자의 관련성에 대한 해석의 어려움에서 비롯된 것이 아닐까? 시니피에의 형식을 형식화된 실질, 의미, 상징적 내용, 추상적인 것이나 기능 등으로 파악하려는 시도는 구조주의의 역설을—의식적이건 무의식적이건—나름대로 극복하기 위한 것이었겠지만, 정작 핵심이라는 자의성과 가치의 문제는 소홀히 되고 만 것이 아닌가?

---

14 아마케르(1975: 82-84)에 의하면, '자의적'이라는 말은 '사회적이며 역사적'이라는 뜻으로 풀이될 수 있다. 기호가 자의적이라는 것은 기호와 현실과의 관계가 자의적이라는 뜻도 되는데, 기호는 사물이나 개념에 의해 보장된 것이 아니기 때문에 다른 기호들와의 관계에 의하여 정의될 수밖에 없다. 뿐만 아니라, 기호와 현실 사이에 불가분의 필연적 관계가 존재하는 것이 아니기에 랑그의 존재의 궁극적 근거는 개인일 수밖에 없고, 바로 그렇기 때문에 언어가 의사소통 역할을 담당하기 위해서는 화자들 간의 '주관상호성', 즉 '사회적 동의'에 의거하지 않을 수 없다. 그리고 이러한 동의는 가변적인 것이므로, 결과적으로 언어는 역사적으로 변할 수밖에 없는 것이다.

벤베니스트(1974)가 말하는 두 양식 사이의 '단절'의 논지는, 기호의 세계는 폐쇄된 세계라서 어떠한 식으로도 기호에서 문장으로의 전이 과정이 존재하지 않으므로 소쉬르의 기호 이론은 기호론의 바탕은 되어도 의미론에는 적용되지 않는다는 것이다. 한마디로, 언어의 기호학은 역설적으로 언어의 기호학을 가능하게 한 기호라는 도구 자체에 의해 가로막혀 있다는 것이다. 그의 결론은 언어의 구조와 작용을 동시에 규제하는 유일한 원리로서의 기호 개념을 탈피해야 한다는 것이다. 라스티에(1996a:31)는 이러한 분리는 논리-문법적 문제 제기가 명제 범위를 넘어서지 않는, 기호들과 기호들의 조합을 대상으로 한다는 사실만을 나타내는 데 기인한다고 본다. 반면에 수사-해석학적 문제 제기는 텍스트의 모든 계층을 대상으로 한다고 말한다.

소쉬르 학자들은 소쉬르의 시니피앙과 시니피에가 실질이 아니라 형식에 속하는 것이라는 데에 의견을 모은다. 즉, 소쉬르 전통의 구조주의 언어학에서의 기호는 형식에 의하여 정의된다는 것인데, 이는 기호는 '표현의 형식과 내용의 형식의 합'이라는 옐름슬레우의 정의에서 가장 명백히 드러난다. 그러나 옐름슬레우 자신을 포함하여 구조주의 학자들에게서 이러한 기호의 형식성이 늘 준수되지는 않는다는 데에 바로 문제가 있다. 마르티네(1973:23-24)는 음성적 실질의 변별적 자질들이 언어의 구성 요소로서 인정되어야 한다는 것이 음운론의 근본적 가르침인데, 이 자질들은 파롤에 속하는 것이 분명하고 또한 랑그와 파롤에 동시에 속할 수는 없으니 랑그/파롤 구별의 유지는 어렵다고 보았으나, 이는 형식과 잠재 혹은 규범의 구분을 고려하지 않은 때문일 것이다. 이에 비해 '시니피에는 그 자체에 있어서는 분할적이며 부정적이나 공시태에 있어서는 대상에 근거한 내포적 정의를 통한 긍정적 실체화가 가능하다'는 앵글러(1973:49-50)의 지적은 시니피에의 규범적 혹은 잠재적 측면을 긍정적으로 평가한 것으로, 언어의 '표상représentation'의 선개념, 즉 라스티에가 지적하는 언어의 '논리-문법적' 측면과 보다 관련이 깊다.

이와 대조적으로, 뷔르제(1961:76)는 '언어적 가치를 순수하게 부정적이고 차별적이며 대립적인 실체로 정의'한 다음, 프랑스어 반과거 시제에 대한 '비실제적' 등의 자신의 '개략적 명명에는 어떠한 중요성도 부여하지 말'라고 하며 '차별과 대립'의 중요성을 강조하면서, '긍정적인 유일한 요소는 차이들에 동일한 의미 가치를 부여하는 화자들 간의 동의'라고 지적한 바 있다.[15] 이는 부정적 · 차별적 대립적인 '가치'와 대비되는 '긍정적 요소'로서의

---

15 Burger(1961: 76): "소쉬르는 언어적 가치를 순수하게 부정적이고 차별적이며 대립적인 실체로 정의하였다. 필자가 제안한 '비실제적' 등의 개략적 명명에는 어떠한 중요성도 부여하지 말아야 할 것이다. 편의상, 그리고 담화상의 의미를 고려하여 그렇게 한 것뿐이다. 차별과 대립만이 중요한 것이다. 이러한 이름들은, 전통 목록과 마찬가지로, 글자나 숫자로 대치할 수 있을 것이다. 예를 들어 현재, 반과거 등은 $\alpha$, $\beta$ 등으로, '비실제적', '추측', '완료' 등은 a, b, c로 나타낼 수 있을 것이다. 이렇게 되면, 현재는 $\alpha = -a-b-c$로, 반과거는 $\beta = +a-b-c$로 표시할 수 있을 것이고, $\alpha \supset \beta$가 될 것이다. 긍적적인 유일한 요소는 차이들에 동일한 의미가치를 부여하는 화자들 간의 동의이다."

'주관상호성'을 언급한 것이다. 프리에토(1975)도 바로 언어가 '주관상호적 지식'임을 분명히 한 바 있다. 언어가 주관상호적 지식이라는 것은 그 '단위'가 단일적이고 불변적인 것, 즉 완전히 고정된 실체일 수가 없음을 뜻하는 것으로서, 언어기호 체계의 특이점으로 지적할 만하다.[16] 이는 언어의 '표상'의 선개념보다는 '커뮤니케이션'의 선개념과 관련이 깊은 것이지만, 텍스트와 담론의 산출과 해석을 대상으로 삼는, 라스티에가 말하는 '수사-해석학'적 문제 제기에는 이르지 못하고 있다.[17]

소쉬르의 《일반언어학 노트》의 발견 이후 소쉬르 기호학자들은 기호의 '논리'가 기호 차원뿐 아니라 텍스트 차원에도 적용될 수 있음을 보여 주는데, 《노트》의 '기호학 = 형태론, 문법, 통사론, 동의성, 수사학, 문체론, 어휘론이고, 모든 것이 분리될 수 없다'(45)는 짧은 구절은 예전의 '닫힌 기호학'으로부터 '열린 기호학'으로의 변화를 상징적으로 보여 주는 구절이다. 이는 가치 개념이 랑그뿐 아니라 텍스트에도 적용될 수 있다는 것,[18] 텍스트도 하나의 복합적 기호 단위로 간주될 수 있음을 뜻하는 것으로 해석되는데,[19] 라스티에의 '텍스트 의미론'은 이를 실천하는 대표적 경우의 하나이다. 최용호(2004:53-54)도 '라스티에 텍스트 의미론의

16 Amacker(1975: 149) 참조.

17 Rastier(1996a: 2) 참고.

18 Rastier(1997: 127) 주7 참고.

19 Balacescu/Stefanink(2005: 635) 참고.

결정적인 공헌은 가치 결정의 범위를 랑그에서 담화로, 텍스트로 확장시킨 것'이라 평가한다. 논의를 계속하기 전에 G. 기욤의 언어의 '정신역학'을 새롭게 '시니피앙의 언어학'으로 변화시킨 J.-C. 슈발리에를 비롯한 신기욤학자들의 생각을 잠시 살펴보자.

### 시니피앙의 이유

형식과 잠재의 다소 다른 이해를 위해서는, 심층구조를 중시하는 랑가주 지향적인 생성문법과 달리 '언어에서 표층보다 더 심층적인 것은 없다'는 것을 '공리'로 하는 신기욤학파의 주장[20]을 살펴볼 필요가 있다. 이들의 연구의 출발점은 기호학에서 언어학자들이 지금까지 소홀히해 온 시니피앙이다. 슈발리에/로네/몰로(1984:40)는 언어에서 체계나 체계성은 언제나 그리고 어디서나 유연적인 기호관계들이 드러내는 것이며, 시니피에는 시니피앙에 의해서만 존재한다는 입장을 분명히 한다. 이들은 '시니피앙의 언어적 행태의 설명 원리인 랑그의 시니피에는 시니피앙 자체에 명시적으로 드러난 것에 대한 독해'라고 해석한다(50). 기호학자와 언어학자들은 대개 지시관계는 시니피앙이 아니라 시니피에와 맺어지는 것으로 간주하나, 신기욤학자들은 우선 '시니피앙'이라는 용어 자체의 의미에 주목한다. 'signifier'(의미하

---

20 Molho/Launay/Chevalier(1986: 96): "언어에서 그 표현보다 심층적인 것은 없다. 그 표면을 볼 줄 아는 사람에게 그 표현은 언어에서 심층적인 것의 번역 자체이다."

다)라는 동사의 현재분사형이 명사화한 'signifiant'은 말 그대로 '의미하는 것'인데, 이것이 오늘날의 기호학에서는 '무의미한 것 insignifiant'이 되어 버렸다는 것이다.

마치(1986:77)에 의하면, 시니피앙은 '전언의 정확한 전달의 가능 조건'이다. 슈발리에/로네/몰로(1984:38-39)는 '시니피앙의 지시 능력'에 대해 말한다. 이들에 의하면, '시니피앙에 표지된 속성'이며, '시니피앙의 문법의 무의식적인 원인'인 시니피에는 '시니피앙의 지시 능력'과 '통사적 제한'의 결정적 요소이다. 시니피에는 시니피앙의 지시 능력들을 결정하는 것일 뿐 아니라, 지시 능력의 사용에서 받게 되는 통사적 제한들의 원인이라는 것이다. 이들은 시니피앙을 지시 능력 실현의 일종의 보루로 본다. 시니피에의 고유성은—통시적으로든 공시적이로든—미리 주어져 있고, 바로 그러한 자격으로서 시니피에에 부여되는 속성이 받아들여지거나 거부되는 것이라고 한다. 그러니까 시니피에가 부적절한 경우에는 시니피에의 의미 속성에 변화가 일어난다는 것이다.[21] 그러나 시니피에의 기술은 언어학자들에게도 결코 용이하지 않은 일이고, 신기욤학자들에서도 혼란이 감지되기도 한다.[22]

벤베니스트가 의미의 두 양식을 구분하듯이, 로네(1986b:21-22)

---

21 저자들은 'L'homme propose, Dieu dispose'(일을 꾸미는 것은 인간이나 되고 말고는 하늘의 뜻이다)라는 격언을 좇아 'Le signifié propose, le signifiant dispose', 즉 '시니피에가 의미하고자 하는 바는 시니피앙에 달려 있다'고 지적한다.

22 Delport(2005: 32-33) 참고.

도 유사하게 '시니피앙스significance'와 '지시' 두 양식을 구분한다. 그렇지만 양자 사이에 단절이 있는 것이 아니라 전자가 후자의 일종의 가능 조건이 되는데, 전자가 후자를 직접적으로 '산출'하는 것이 아니고 '비금지' 즉 금하지 않는 것이다. 슈발리에(1996:87)는 두 양식 사이에 '전이'가 있는데, 의미론적 양식을 다룰 때 주체가 실현하는 상당수 작용들이 기호론적 양식에 의해 조건지어지기 때문이라고 말한다. 기호론적 양식은 이 작용들을 시니피앙의 이중 기능, 즉 '제한' 기능과 '차별' 기능에 의해 조건지어지는데, 전자에 의해 기호론적 양식은 시니피앙의 지시 능력들에 경계를 부여하고, 후자에 의해 기호론적 양식은 지시작용에 자신의 '고유 방식'을 부과한다는 것이다.[23]

슈발리에/로네/몰로(1988:46-47)는 기욤을 좇아 시니피에가 담화를 조건짓는다고 본다. 먼저 시니피앙이 지시에 기여하는 동형어들의 장, 어의적 장을 제한한다는 점에서 그러한데, 이것이 시니피앙의 '제한 기능'이다. 다음으로 랑그의 시니피에는 동의어들을 구분하고, 명칭 장에서 시니피앙에 그 독특성을 부여하

23 로네(1986b: 25)는 기호론적 양식의 의미론적 양식으로의 전이는 통사적 양식을 통해 이루어진다고 말한다. 문장 내에서 형태소들의 배열에 관여하는 규칙들은 바로 기호론적 양식의 도움으로 의미론적 양식을 산출하는 법칙들이라는 것이다. 지시의미가 바뀌는 것은 시니피앙스가 작용하는 맥락의 변이에 따른 것일 뿐, 시니피앙은 그대로 있는데 시니피에만 바뀌는 것이 아니라는 것이다. 그는 지시의미의 산출은 '맥락'이 가능하게 하는 것이고, 지시는 시니피앙들의 '조합'의 독점적 산물이라고 말한다.

는데,[24] 이는 시니피앙의 '차별 기능'이다. 한 사물에 대한 지시가 동일하더라도 그에 대한 서로 다른 '관점'을 나타내는 것으로, 이 차이는 일종의 '징후 읽기'를 통해 해석되어야 할 것이다. 이러한 시니피앙의 두 기능은 다양하게 나타나는 텍스트 차원의 시니피앙들에서도 동일하게 작용한다고 말할 수 있다.

시니피에와 시니피앙의 상호적 '적합성convenance'을 주장하는 신기욤학자들은 시니피에의 하위 구분으로 '이중적 지시장치'를 구분한다. 바로 '개념적 지시물'[25]과 '경험적 지시물'의 구분으로, J.-C. 밀네르 등의 '잠재적 지시'와 '실제적 지시'의 구분과 유사하다. 구조주의 의미론에서 시니피에는 대개 '의미소들의 합'으로, 그리고 의미소는 '의소들의 합'으로 정의되는데, 이러한 집합론적 정의는 신기욤학자들의 '개념적 정의'에 해당된다. 슈발리에/로네/몰로(1988:47)는 시니피앙은 통사적 맥락과 비언어적 맥락이라는 간접적 수단을 통해 지시물과 관련을 맺는다고 본다. 낱말은 텍스트와 맥락을 통해서 비로소 사물에 도달하는 것이다. 다시 말해, 시니피앙은 지시를 하는 것이 아니라, 지시를 허용하는 것, 혹은 금지하지 않는 것이다. 마치(1986:71)는 화자가 낱말의 개념적 지시물을 정의할 수는 있어도 '시니피앙과 개념적 지시물의 연합관계를 조건짓는' 시니피에는 결코 알 수 없다고

24 '어의적'과 '명칭적'은 각각 'sémasiologique', 'onomasiologique'를 뜻한다.

25 Chevalier/Launay/Molho(1984: 38)는 개념적 지시물을 '경험들의 확인과 분류를 가능하게 하는 중계 구조'로 정의한다.

말한다. 시니피에는 시니피앙/시니피앙의 결합, 시니피앙과 개념적 지시물들의 연합관계의 제한의 원인으로 나타나며, 언어 사용자는 이 시니피에에 직접적 접근이 가능하지 않기 때문에, 시니피앙을 그 개념적 지시물과 연합시키는데, 이러한 연합이 기호론적인 것이 지시된 의미로 옮겨지게 되는 기저라는 것이다.

그러니까 언어 사용자의 관점에서 볼 때, 시니피앙의 대응물은 '개념적 지시물'이다.[26] 마치(1986:71)는 무의식적인 기호론적 방식과 달리, 의미론적 방식은 의식적이라고 보았는데, 일반 언어 사용자가 '개념적 지시물'을 '의식한다'고 말할 수 있을까? 아마 의식의 대상이 되는 것은 개별적인 '경험적 지시물'일 것이고, '개념적 지시물'은, 논리적으로 전제가 되기는 해도 직접적으로 의식하지는 못하는 '잠재적인 것'으로 보아야 할 것이다. 우리가 이중어 사전에서 보는 번역예들도 후자보다는 전자에 가깝다고 해야 할 것이다. 그리고 시니피에에서 이중적 지시를 구분하였듯이, 시니피앙의 측면에서도 추상적인 혹은 정신적인 시니피앙과 그 구체적 발현의 경우들을 구분할 필요가 있을 것이다. 이를테면, 시니피앙-타입과 시니피앙-토큰을 구분하여, 실제로 언어 사용자가 대개 직면하는 것은 시니피앙-토큰과 '경험적 지시물'의 관계라는 사실을 분명히 할 필요가 있을 것이다. 문제의 두 양식 사이에 전이가 있으며, 시니피앙의 지시상의 대응물이 개념적 지시물이라는 것은 텍스트의 의미 해석에 대해 함축하는 바가

26 Molho/Launay/Chevalier(1986: 38) 참고.

크다.[27]

아마케르는 문법이라는 것 자체를 자의성의 제한, 즉 '유연화'라고 보았지만, 신기욤학자들은 여기서 한 걸음 더 나아가, 기호의 구성에서 '유음성paronymie'이 핵심이라고 주장한다. 이들은 일반적으로 인정되는 'bonheur/honneur', 'Qui se ressemble, s'assemble' 등은 물론, chanter/je chantais, je chanterai/je mangerai, le/me/se, le/lui에서 보는 문법적 관계 등도 유음관계로 보아야 한다는 입장을 취한다. 그리고 이러한 시니피앙들 사이의 유사성과 차이들은 상응하는 시니피에의 유사성과 차이들과 일치하기 때문에 '유연적'이라고 본다.[28] 이렇게 시니피앙과 시니피에를 상호적 관계에 의해, 하나의 시니피앙에는 하나의 시니피에가 대응된다고 정의하게 되면 의미론 차원에 파급 효과가 없을 수 없다. 사실 슈발리에/로네/몰로(1988)에게는, 적어도 엄밀한 의미의 랑그 차원에서는, 동형어도 없고, 동의어도 없다.[29] 동형어와

---

27 텍스트 해석자는 그가 일차적으로 대하는 것은 '텍스트 기호들'이기 때문에 우선적으로 텍스트의 시니피앙들에 의존하는 '어의론적' 접근을 하게 된다. '경험적 지시물'이 구체적 사물의 경우가 아니라 문화적 성격이 두드러지거나 추상적인 경우에는, 더구나 시니피앙의 결정 과정 자체가 복잡해지는 텍스트 번역의 경우에는 그 해석 과정이 더욱 불투명해질 수밖에 없다. 시니피앙과 경험적 지시물 사이에 적절하다고 판단되는 의미 관계가 이루어지기 전까지는 의미 해석이 계속 시도될 수밖에 없는 것이다.

28 전성기(1983), Chevalier/Launay/Molho(1984) 참고.

29 이들에게 '동형성'은 모호성, 다의성, 비한정성, 다중지시, 다가성 등을 포함하고, '동의성'에는 좁은 의미의 동의성, 등가성, 의미적 동일성, 환언문 등이 포함된다.

동의어 모두 랑그의 시니피에에 의해 한정된 장과 개념화된 경험과의 조우에서 비롯되는, 하나의 원인에 대한 두 결과이다. 로네(1986a:335)는 지금까지 '무연적'인 것들로 간주되어온 동형어, 유음어들에서도 그 시니피에들에 대한 하나의 유연적 '존재 이유'를 발견한다.

'왜 주어진 어떤 시점의 한 언어의 어떤 시니피앙이 왜 그렇게, 왜 그런 식으로 되어 있는가?' 하는 문법적 · 어휘적 문제로서의 '시니피앙의 이유raison du signifiant'[30]는 텍스트 차원으로 충분히 확대될 수 있다. 텍스트 차원의 번역에서도 한 텍스트가 어떻게 번역되어야 하는가를 따지기 전에, 먼저 한 텍스트의 시니피앙들이 어떻게 구성되고 어떻게 배치되어 있는가, 그들이 허용하는 의미와 허용하지 않는 의미는 어떠한 것들인가를 아는 것은 적절한 번역을 위해 매우 중요하다. 베르만(1989:677)은 번역학의 과제의 하나가 '내용의 소통과 의미의 복원 이외의 것에 속하는 것'을 밝혀내는 것인데, 이는 '문자에 대한 작업'이라고 말한다. 이 작업은 번역의 윤리의 영역이고, 시학의 영역인데, 윤리와 시는 '문자의 존중' 속에서만 존재하기 때문이라는 것이다.[31] 이러한 '문자적 시니피앙'이 뜻하는 것은 일종의 '징후symptôme'로 볼 수 있는

30 기욤은 프랑스어 'aller' 동사의 세 변이형 'all-', 'v-', 'i-'의 존재 이유의 문제에 대해 '정신기호론'의 관점에서 설명한 것을 비롯하여 문법적 시니피앙들 사이의 유사성과 차이에 대해 다양한 설명을 시도한 바 있다.

31 그는 문학 공간에서도 '작품'에 속하는 것과 그렇지 않은 것을 구별한다.

데, 이 '징후들'이 '의미하는 바'를 텍스트 속에서 밝혀 내는 것은 작품들의 번역에서 매우 중요한 일이다.

**번역문법, 수사학, 해석학**

슐라이어마허의 해석학 이론은 '해석학적 번역이론'으로 불릴 만큼 넓은 의미의 번역, '의미 해석으로서의 번역'에 대한 성찰들이 풍부하다. 그에게서 볼 수 있는 문법, 수사학, 해석학, 변증법과 그 관계들은 상당 부분 번역과 번역비평의 이해에 충분히 활용될 수 있다. 우선 몇몇 주요 개념을 살펴보자. 최신한(2000a:210)은 '저자의 자기 관계와 저자와 독자의 외적 관계가 해석학의 내포적 근간'을 이룬다면, 슐라이어마허가 강조하는 '해석학, 수사학, 문법의 상호관계'는 '해석학의 외연적 근간'을 이루는데, '해석학은 수사학 없이 불가능하며 수사학은 해석학 없이 완결될 수 없고 이 양자는 문법의 도움으로 가능하다'고 말한다. '문법은 화자와 청자에게 공동적으로 주어져 있는 언어의 보편성에 관계'하나, '수사학은 화자가 사용하는 언어의 고유성에 집중'하는데, '해석 작업이 무엇보다 문법에 주목해야 하는 이유는 문법이 말의 구성을 가능하게 하는 객관적 구조이기 때문'이다(214). 한편, 변증법은 '사고의 공동성 파악에 집중하는 반면', 해석학은 심리적 해석에서나 문법적 해석에서나 '사고의 공동성보다' '사고의 개성과 특유성 파악을 목표로 한다'고 저자는 설명한다(219).

슐라이어마허의 해석학에서 문법적 이해는 심리적 이해(혹은 기술적 이해)와 대화적 관계에 있다. 최신한(2003:73-74)은 '이해는 문법적 해석과 심리적 해석의 종합에서만 일어'나며, '따라서 진정한 의미를 향한 근접에서 요구되는 것은 바로 언어와 사고의 이중성이며 문법적 해석과 심리적 해석의 상호 관계'라고 슐라이어마허의 견해를 설명한다. 한편, 김용일(2000:28-29)은 '문법적 이해가 문장에 대한 정확한 해석을 바탕으로 문장이 드러내는 정확한 의미를 이해하는 이해의 방법이라면, 심리적 이해는 저자의 시대적인 상황과 정신적이고 심리적인 상황을 저자의 입장에서 정확하게 읽어 내야 하는 이해의 방법'이라고 풀이한다. 바꾸어 말하면, '문법적 이해는 문장을 통해 드러나는 사실 해석을 강조하는 객관적인 해석이고 심리적인 해석은 숨겨진 상황들을 재해석하는 주관적인 해석'이라는 것이다. 저자는 '심리적 이해는 문법적 이해가 범하기 쉬운 표면적 이해의 한계를 극복하게 해 주며, 문법적 이해는 심리적 이해가 갖는 주관성의 한계를 극복하게' 하는데, '이 두 가지 해석 방식은 끊임없는 상호 작용을 통하여 전체적인 해석을 가능하게 한다'고 덧붙인다. 이 두 이해가 엄밀히 경계지어지는 것은 아니겠으나, 번역할 텍스트와 번역 텍스트의 이해에도 대략적으로는 적용될 수 있을 것이다.

여기서 살펴야 할 것이 해석의 '느슨한 실천'과 '엄밀한 실천'이다. 이선관(2003:199-200)에 의하면, 종래의 해석학에서의 '문제 상황'은 자명한 사유의 연관성이 어떤 특정한 상황에서 갑자기 더 이상 통용되지 않을 때에 일어나는 '어떤 낯선 계기'와 관련되며, 종래의 해석이론의 주된 과제는 '말'이나 텍스트에서 불명료한 것을 해독하여 명료하게 하는 것이다. 이것이 슐라이어마허가 말하는 '해석의 보다 느슨한 실천'이다. 그런데 슐라이어마허에게 중요한 것은 '해석의 보다 엄밀한 실천'이다. 이는 말이나 작품의 이해가 그 첫 출발부터 언제나 '이해의 불확실성'을 내포하고 있다는 것을 해석학의 기본적 상황으로 설정한다. '해석의 보다 엄밀한 실천'은 '오해는 절로 일어나며, 이해는 모든 점에서 희구되지 않으면 안 된다'는 것을 전제하는 것인데, 일반번역과 대비되는 문학번역 등의 인문학번역에서는, 더구나 번역비평에서는 이러한 '해석의 엄밀한 실천'이 크게 요구된다. 빌헬름(2004:773)에 의하면, 슐라이어마허 해석학의 핵심의 하나는 '해석의 원 혹은 해석학적 원'으로, '전체를 부분으로부터, 부분을 전체로부터 이해하는 것'이다. 이 '해석의 원'은 점차 커져 다른 원들로 나아가며, 처음의 맥락 속의 단편적인 의미도 보다 큰 맥락 속에 놓이게 된다. 번역할 텍스트의 이해에서도 문법적 이해와 심리적 이해가 점점 더 큰 '해석의 원'을 그려 나갈 수 있어야 할 것이다.

최신한(2000b:9)은 슐라이어마허의 《해석학과 비평》이 '언어와 사고의 이중성'을 근간으로 펼쳐지는데, '문법적 해석 가운데 사고의 요소가 중요하게 다루어'지고 '심리적 해석 가운데 언어의 요소가 함께 다루어'지며, '이러한 상호 교차의 긴장'은 '해석학과 비평의 상호 교차로까지 확대'된다고 기술한다. 이러한 '해석학과 비평'의 '상호교차'는 '상호전제'로, 그리고 '이해는 비판적 방법을 통해 늘 새롭게 추구되어야' 하는 것으로 표현되기도 한다. 저자는 특히 '이해 주체의 활동'의 중요성을 지적한다. 최신한(2004:423-424)은 '오해를 피하고 이해를 추구하려는 해석학은 이해 주체의 활동 없이 성취될 수 없다'고 말한다. '이해는 기존의 이해에 대한 주체의 이해를 요구한다는 점에서 항상 비판을 수반한다'는 것인데, 이러한 '이해와 비판'의 '상호 대화적 관계'는 번역의 비평적 이해에도 그대로 적용된다.

그는 '언어에 대한 새로운 이해와 새로운 의미는 비판적 의식을 통해서만 출현할 수' 있으며, '비판은 기존의 이해로부터 출발하지만 여기서 더 나아가 새로운 이해를 가능하게 하며 보다 확대된 의미 지평을 산출한다'고 지적하는데, 이 역시 번역의 비평적 측면을 암시한 것으로 해석할 수 있다. 그는 특히 '느슨한 이해'에서는 '비판의 과제가 아예 발생하지 않을 수 있'지만, '이해의 시선을 텍스트의 표면적 차원을 넘어서'는 '심층적인 차원'으로 돌리면 '해석학의 직접적인 관점을 능가'하는 '엄격한 이해의 실제'와, '경험적이고 직접적인 관점을 넘어서는 학문적'인 '문헌학적 관점'이 발생한다고 설명하는데, 학문적 탐구로서의 '번역비평'에 대개 시사하는 바가 큰 대목이다. 다만 슐라이어마허의 '문법적 이해'는 텍스트의 '언어기호학적 이해'보다는 좁은 의미로 쓰인다는 점과, 흔히 '저자의 의도'로 이해되는 '심리적 이해'도 텍스트의 '심층적 의미 이해'라는 번역의 해석학적 · 수사학적 시각과는 다소 거리가 있다는 점은 지적되어야 할 것이다.

최용호(2006:308)는 라스티에의 '텍스트 의미론'을 '새로운 소쉬르의 전통으로, 다시 말해 구조주의와 맥락주의를 동시에 사고하는 구조주의의 확대 버전으로서 재평가'하며, '소쉬르의 공헌이 의미의 언어학적 차원을 정의한 것이라면, 라스티에의 공헌은 여기에 텍스트적 전망을 복원시킨 것'이라 평가한다.[32] 이러한 '텍스트 의미론'은 번역과 번역비평의 언어기호학적 이해에 여러 중요한 시사를 하고 있다. 그중 하나는 라스티에(2004:3)가 구조주의의 '역설'이나 벤베니스트의 두 의미양식 사이의 '단절'을 야기했던 랑그와 파롤 사이의 '끊어진 고리'를 코세리우가 말하는 '규범'으로 메울 수 있다는 제시를 한 것이다. '랑그의 언어학'과 '파롤의 언어학'이 분리되어 있었던 것은 '규범의 언어학'의 부재 때문이라는 것인데, 이 '규범의 언어학'의 가능성은 사실 랑그의 세 의미 즉, 도식/규범/사용을 구분한 옐름슬레우(1971)에게 이미

---

32 최용호(2006: 311-312): "소쉬르적 용어를 빌어 표현하자면 언어과학을 비롯해서 그동안 문헌학이 기호의 육체적 측면, 즉 '시니피앙'의 분석에 초점을 두었다면 철학적 해석학은 정신의 측면, 즉 '시니피에'만을 다루었다고 할 수 있다. 라스티에가 주장한 '물질적 해석학'은 따라서 시니피앙과 시니피에의 새로운 결합을 위한 해석학이라고 할 수 있다. 소쉬르는 기호를 행동주의자들처럼 시니피앙이나 혹은 인지주의자들처럼 시니피에만으로 환원하지 않는다. 셈므라는 새로운 용어의 도입에서 알 수 있듯이 소쉬르의 기호는 이들의 결합으로 이루어진 통일된 전체이다. 라스티에가 주장한 '물질적 해석학'이 형태중심의 문헌학과 철학적 해석학과의 재통합을 지향한다는 점에서 텍스트 의미론의 인식론을 기호와 의미의 통일된 전체로서의 셈므를 상정한 소쉬르 언어기호학의 확대 버전이라고 할 수 있다."

어느 정도 내재되어 있었다.

메츠(1969:374)에 의하면, 옐름슬레우에게 근간이 되는 대립은 형식/실질의 대립이 아니라 형식/질료의 대립이다. 그러니까 파생된 제3의 존재는 논리적으로 질료가 아니라 실질인 것이다. 이를 잘 말해 주는 '질료적 형식forme matérielle'이나 '형식화된 질료matière formée'라는 표현들은 왜 구조주의 언어학자들에게서 시니피에와 '지시물' 사이에 혼동이 빈번했는지 암시한다. 옐름슬레우(1971)의 '대립적 상대적 실체로 정의되지만 긍정적 자질도 부여된다'는 'r'음의 규범적 정의의 설명이 잘 보여 주듯이,[33] 대부분의 구조주의 음운론학자들의 주요 관심의 대상은 실상은 소리의 이 규범적 정의였으며, 구조주의 의미론학자들의 주요 관심 대상도 실은 이 규범적 정의였다고 할 수 있다. 그러나 이 규범적 정의들이 '내재주의 원리'를 벗어나지 못한 것, '주관적 언어 지식의 상호성'을 통해 '수사-해석학'적 이해로 나아가지 못했던 것이 문제였던 것이다.[34]

33 Hjelmslev(1971b: 81-82): "우선 'r'음은 이 음이 속한 범주, 나타내는 위치, 환입 등에 의해 정의될 수 있는데, 이는 이 'r'음을 대립적 · 상대적 · 부정적 실체로서 정의하는 것이며, 이는 곧 'r'음의 도식이다. 다음으로 'r'음은 후설 · 협착음을 자유변이음으로 갖는 진동음으로 정의될 수 있는데, 이는 'r'음의 규범적 정의이다. 이 경우, 'r'음은 대립적 · 상대적 실체로 정의되는 것이 사실이지만 긍정적 자질도 부여된다. 마지막으로 'r'음은 치경 · 울림 · 유성 · 진동음 또는 구개수 · 유성 · 협착음으로 정의될 수 있는데, 이는 'r'음의 사용상의 정의이다. 이 정의는 대립적도 아니고 관계적도 아니고 부정적도 아니다."

34 옐름슬레우는 규범을 '시행이론'이란 명목하에 사용에 통합시키기도 한다.

다음으로 언급할 것은 논리-문법적인 측면과 수사-해석학적 측면의 구분이다. 라스티에는 논리-문법적인 전통과 수사-해석학적 전통을 구분하는데, 부케(1999:6)는 전반적으로 라스티에와 의견을 같이한다면서, 전자는 '구성성'에 기반한 프레게적인 것이나, 후자는 다른 것들에 기반한 비프레게적인 것이라 지적한다. 소쉬르의 사상은 '랑그의 언어학'을 강조한《일반언어학 강의》의 편찬자들로 인해 20세기에는 주로 전자의 전파에 쓰였으나, 이제 소쉬르의《일반언어학 노트》에서 나타나는 '파롤의 언어학'이 수사-해석학적 측면의 중요성을 잘 보여 주고 있다는 것이 그의 판단이다. 라스티에(2005:3)는 '의미는 텍스트에 내재하는 것이 아니라 해석 실천에 내재한다'고 말하는데,[35] 이러한 해석 실천은 번역문법적 이해에서나 텍스트의 '심리적 이해'에서나 적극적으로 실천되어야 할 것이다. 이러한 이해들은 맥락들의 이해와 불가분의 관계에 있다.[36]

---

35 Balacescu/Stefanink(2005: 635) 참고.

36 최용호(2004: 54)에 의하면, 라스티에의 텍스트 의미론에는 '세 가지 인식론적 지침'이 있는데, '한 기호의 의미는 그 자체로 미결정적인 상태로 존재한다'는 '미결정성의 공리', '의미는 차이에 의해 지각된다'는 '차이의 공리', '전체가 부분을 결정한다'는 '해석학적 공리'가 그것들이다. '한 기호의 의미는 랑그 차원에서는 잠재적으로만 존재'하므로, '어떤 의미가 결정되기 위해서는 반드시 맥락 속에 위치'해야 하는데, 이러한 의미의 '맥락의존성'은 '비결정성의 공리', '해석학적 공리' 모두와 직접적으로 관련된다. 또한 전체가 부분을 결정할 뿐 아니라 전체를 통한 부분의 이해가 다시 전체의 보다 깊은 이해에 기여하므로, 이러한 지속적 · 대화적 해석 관계의 존재에 유의해야 할 것이다. 번역도 텍스트를 번역하는 것이니만큼 이러한 텍스트 의미론의 공리는 원텍스트에

흔히 번역의 경우는, 번역비평의 경우와 달리, 해석의 엄밀한 실천이 그다지 필요치 않은 것으로 생각하는 경향이 있다. 물론 번역에 따라서는 그러할 수도 있다. 그러나 문학번역이나 고전번역을 비롯한 넓은 의미의 인문학번역에서는 정보 전달 위주, 소통 위주의 일반번역에 비해 훨씬 높은 정도의 해석의 '엄밀한 실천'이 필요하다. 그리고 이러한 실천은 원텍스트의 번역문법적 이해 단계부터 적극적으로 이루어질 필요가 있다. 텍스트의 어떠한 문법 사항에 대해서도, 어휘나 구문의 어떠한 의미에 대해서도 오해의 가능성이 상존하므로, 일단 이해되었다고 생각된 부분들에 대해서도 번역자는 되풀이해서 깊이 따져 보아야 할 것이다. 이렇게 해석된 결과가 번역 텍스트에 적절히 재현되었는가를 살피는 과정 역시 해석의 '엄밀한 실천'이 되어야 할 필요가 있다. 슐라이어마허 해석학에서 말하는 '문법적 이해'와 상당 부분 일치하는 이러한 과정은 '수사'와 '해석'의 상보적 관계를 통해 나타난다.

이러한 수사와 해석의 관계는 흔히 표현과 내용의 관계로 이해되는데, 문법적 이해의 대상은 표현만이 아니라 내용도 관련되는 양면적인 것이다. 그리고 이해가 일단 되었다 하더라도 그 이해가 적절한 것인가를 알기 위해서는 다시 텍스트로 돌아올 수밖에 없고, 이러한 수사와 해석의 상호적 관계는 번역자가 나름대로 충분하다고 판단될 때까지 계속될 수밖에 없을 것이다. 번역

---

도 번역 텍스트에도, 그리고 이들의 비교 분석에도 적용될 수 있다.

비평자의 관점에서 번역을 분석하고 평가할 때는 이러한 대화적 이해가 보다 의식적으로, 보다 심층적으로 이루어져야 할 것이다. 이선관(2003:200)에 의하면, '끊임없는 오해의 가능성'으로부터 출발하는 '해석의 보다 엄밀한 실천'의 과제는 '말'(또는 작품)을 화자(혹은 작가)보다 더 잘 이해하려는 데에 있고, 따라서 슐라이어마허에게 있어서 '이해'란 '보다 더 잘 이해함'이라는 이념적 요구에 따라 부단히 진행되는 변증법적 과정이다. 그렇기 때문에 '해석자의 노력'은 '일종의 무한 과제'로 특징지어진다. 그리고 이는 화자(혹은 작가)의 '언어와 결합 방식'이 청자(혹은 독자)의 그것과 동일할 수 없다는 데에 근거하고 있다고 하는데,[37] 이러한 특징은 일반번역과 대비되는 인문학번역, 특히 열린 해석을 허용하는 철학 텍스트 같은 경우에는 더욱 두드러지게 나타날 것이다.

텍스트의 '수사'에 대한 이해는 원칙적으로 텍스트의 시니피앙과 시니피에(개념적 지시물), 보다 정확히는 시니피앙-토큰과 경험적 지시물 모두를 고려한 것이어야 할 것이다. 라스티에(1996a:11-12)는 기호의 확인이 출발점이 아니라 해석의 결과이며, 대개 기호적 실천은 고립적 기호들이 아니라, 분할이 어렵거나 때로 불가능한 복합적 구성체를 통해 이루어진다고 말한다. 그는 시니피앙들을 알아보는 것이 선이해가 전제되는 '해석 경로'의 한 진입 과정이 된다고 보는데,[38] 이는 되풀이되는 텍스트

37 이선관(2003: 202-203) 참고.

해석의 중복적 확인 과정에서도 마찬가지이다.[39] 그는 시니피앙과 시니피에 모두를 고려하는 이해에서는 시니피앙도 시니피에도 '주어진 것'이 아니라고 말하는데,[40] 이는 대부분의 인문학번역의 경우에 두드러질 것이다.

### 기호의 번역, 문자의 번역

슈발리에/델포르(1995:74)는 문자적으로 번역한다는 것은 한 텍스트의 특이한 점들을 힘써 복원하는 것이라 말한다. 뒤랭(2001:14)도 '문자를 번역한다는 것'은 '직역주의를 따르는 것'도 아니고, '맹목적인 본질주의'에 빠지는 것도 아니며, '원텍스트의 유연적 성격을 살리는 것'이라 지적한다. 라드미랄(1998:142)의 지적처럼, '직역주의' 혹은 '문자주의'가 원텍스트의 한 낱말에는 늘 번역 텍스트의 다른 한 낱말이 대응된다는 것을 뜻하는 것이라면, 그러한 문자주의에 공감할 사람은 별로 없을 것이다. '직역주의자'로 알려진 베르만이나 메쇼닉이, 정혜용(2006a:251-252)이 이해하는 것처럼, '모두 자문화의 동질성으로 타 문화의 이질성을 대체하려는 등가원칙 비판을 통하여, 외국 문학 작품의 근본적 낯섦을 인정하고 수용할 것을 번역 작가들에게 촉구하고 있'으며, 또한 '의미 전달에 그치는 의미상의 등가원칙은 문학 텍스

38 Rastier(1997: 127) 참고.

39 Rastier(1996a: 3) 참고.

40 Rastier(1997: 140) 참고.

트 번역의 보편적 원칙이 될 수 없'음을 지적하면서, '원텍스트의 시스템 내에서 의미 산출에 개입하고 있는 형식 요소들을 파악하여 그것들이 산출하는 의미를 번역할 것을 제안'하고 있는 것이라면, 그러한 제안에 반대하기는 아마 어려울 것이다.

메쇼닉의 '번역 시학'에 대해, 김유정(2005:113-114)은 '번역을 기표와 기의의 대립 안에서 파악하는 모든 시도, 예컨대, 텍스트의 의미만을 전달하는 번역이나 텍스트의 형태만을 충실히 옮기는 번역 모두를 지양하고 있'으며, '기표와 기의의 대립을 지양하는 것은 결국 기표와 기의가 더 이상 분리되지 않는 담화의 추구를 의미한다'고 말한다. 한편 김다은(2001:301)은 '한 작가의 고유한 글쓰기 방식'은 '작가도 아니고 독자도 아닌 언어가 지닌 연속성'의 문제이고, 여기에는 '한 문장 내의 단어와 단어의 관계뿐만 아니라, 단어 그룹들, 합성어, 파생어, 문장 요소들 간 혹은 문장들 간의 모든 차원과 모든 종류의 단위들의 결합까지 포함'되는데, 이는 '여러 요소들 간의 상호 관계'와 '이들 요소들과 전체의 상호 관계'까지 포함하는 '소쉬르의 체계 개념'이라고 지적한다. 원텍스트와 번역 텍스트를 '번역문법적'으로, '심리적으로' 이해하는 과정에서 수사학적 해석학적 접근을 통하여 내재적으로, 외재적으로 실천하는 번역비평에는 이러한 번역시학적 실천이 충분히 포함될 수 있다.

선영아(2006:174-175)는 '베르만은 번역에서의 충실성은 근본적으로 원본의 문자에 대한 충실성일 수밖에 없으며, 낯섦을 낯섦으로 받아들여 그 낯섦을 모국어의 틀 안에서 품어 낼 수 있는 문자의 번역이야말로 번역의 윤리성을 구현하는 진실한 번역'이라고 주장하는데, '이 같은 베르만의 번역론은 서구의 문화 우월주의, 무반성적인 윤문과 의역에 대한 각성을 촉구하며, 번역이 무엇인가 하는 본질적인 문제에 대한 철학적 성찰의 문을 열어, 문학번역가들로부터 깊은 공감을 불러 일으켰'으나, '번역가가 몸 담고 있는 사회의 특수성, 번역의 최종 수용자인 독자에 대한 배려, 이질적인 두 언어의 만남에서 생겨날 수 있는 언어 충돌의 문제 등, 문학 텍스트 바깥의 제반 여건들을 모두 간과한 채, 번역가 개인의 주관적 윤리성에만 너무 많은 무게를 싣고 있는 것은 아닌지, 그가 설정한 윤리적 번역과 자국 중심적 번역 간의 이분법도 하나의 성급한 편가름은 아닌가' 우려한다.[41]

### 에필로그

문제는 실천이다. 정혜용(2006a:252)은 '결국, 메쇼닉과 베르만의 시적 번역이나 형태의形態意 번역'의 관건은, '번역자가 각 문학테스트마다에 고유한 시적 기능을 읽어 낼 눈이 있는지, 그리

41 저자는 '문학 작품이 의미와 형식을 따로 나눌 수 없는 하나의 통일체'라면, '문학 작품의 번역은 미적 요구와 윤리적 충실성이라는 두 가지 미덕을 겸비하지 않을 수 없'고, 또한 '번역이 두 상이한 문화의 의사소통'이라면, '원본의 작가와 번역본의 독자, 양자 중 어느 한쪽에 대한 충실성이 다른 한쪽에 대한 충실성을 가릴 수도 없을 것'이기에, '이 상반된 두 요구 사항을 수렴시킬 때, 번역 텍스트는 하나의 온전한 하나의 번역 문학으로 기능할 수 있을 것'이라 주장한다.

고 모국어의 가능성을 총동원하여 자신이 읽어 낸 대로 텍스트를 다시 쓸 능력이 있는지에 달려 있다고 할 수 있다'고 말한다. 그러나, 예를 들어 베르만도 번역 실천에 있어서는 자신의 방법에 그다지 충실하지 못하였다는 지적도 있고,[42] 메쇼닉도 때로 시니피앙과 시니피에 모두를 고려한 번역이라기보다는 시니피앙의 번역에 치중한 느낌이 없지 않다.[43] 예를 들어 라드미랄(1991:27)은 루이스 캐롤의 《이상한 나라의 앨리스》의 한 장의 제목 'mad tea-party'에 대해 메쇼닉이 한 번역 'Une folle partie de thé'를 '시니피앙에 대한 페티시즘'이라 평한 바 있는데, 시니피앙에 과도하게 집착하고 있다는 평을 벗어나기 어려울 것이다.[44]

방법이 문제가 아니라 번역과 번역비평의 구체적 실천에서의 '중용의 도'의 획득이 관건이다. 반디아(2001:132-133)는 '원천 언어-문화의 특징적 요소들을 고려하면서도 수용 문화의 문학적 공간 속에 자리'하는 '중도의 길'을 말하는데, 이러한 '중도의 길'에도 물론 상당한 다양성이 존재할 수 있다. 즉, 여기에도 수사와 해석의 대화와 타협의 여지가 충분히 있다는 것이다. 텍스트를

---

42 Charron(2001)은 '번역학자 베르만'이 주장한 '문자역'을 '번역자 베르만'이 충실히 수행하지는 못하였음을 보이고 있다.

43 최영주(2004: 354)는 '지금까지 언어학이 시니피에를 중심으로 이루어졌다면 메쇼닉은 언어에 있어 시니피앙과 시니피에의 기존관계를 재검토하고 시니피앙 중심의 분석을 시도한다'고 기술하고 있다.

44 Ladmiral(1991)은 기 르클레르크Guy Leclercq가 한 번역 'Une thé fou'에 공감한다. 한 한국어 번역본은 이를 '이상한 다과회'로 번역하고 있다.

언어기호학적인 측면의 고려에서부터 번역문법, 수사학, 해석학 등에 이르기까지 총체적으로 지속적으로 검토하며, 최종적으로는 번역글쓰기 문제까지도 고려하는 번역과 번역비평에 대한 언어기호학적 이해는 '오역문화'를 넘어 번역인문학으로 가는 하나의 열린 길이 될 수 있을 것이다.

# III. 번역인문학과 번역비평

**프롤로그**

인문학은 위기에 처해 있고 번역문화는 척박하다는 것이 대개의 식자들의 생각이다.[1] 위기는 기회란 말도 있지만, 이러한 때, 바로 발상의 전환이 필요하다. 학문도 현실 상황과 무관한 것이 아닐진대, 문제를 새롭게 제기할 필요가 있는 것이다. 문제가 제대로 제기되지 않는 한 제대로 된 답도 얻을 수 없음은 자명하다.[2] 번역을 번역학을 넘어 인문학적 차원에서 성찰해 보자는 '번역인문학'은 오늘의 우리에게 하나의 화두가 될 수 있을 것으로 생각된다. 많은 식자들이 그 필요성을 인정하고 있는 번역비평은 번역인문학 구축에 구동축 역할을 할 뿐 아니라, 인문학에 새로운 성찰의 기회 내지는 도약의 계기를 마련해 줄 수 있을 것이다.

1 박상익(2006: 9): "현실을 돌아보면 우리의 번역문화는 척박하기 그지없다. 예나 지금이나 오역과 비문으로 가득한 번역서들은 독자들에게 좌절과 환멸을 안겨 주고 있으며, 동서양의 주요 고전들 중 상당수는 아예 번역 · 소개조차 안 되어 있는 것이 현실이다."

2 Pergnier(2004: 24).

번역은 언어 간 소통이요 문화 간 소통이다. 우리의 번역문화가 오역, 남역, 비문 등으로 얼룩져 있다는 것은, 그리고 인문학의 번역문화도 이와 크게 다르지 않다는 것은 그 '소통'에 적지 않은 문제가 있다는 것이다.[3] 이제 그 소통에 문제가 있다면 문제는 무엇이고, 또 어떻게 개선할 수 있는지 검토와 성찰이 필요하다. 에둘러 말하자면, 우리가 어떻게 '오역誤譯의 뒤섞여 거슬림忤逆에서 오역惡譯의 깨어나 풀림悟繹으로'[4] 나아갈 수 있는가, 혹은 어떻게 우리의 '번역 문화文化'가 '번역 문화文禍'의 소용돌이를 벗어나 진정한 의미의 번역인문학적 '번역 문화紋和'(무늬의 어울림)를 이룰 수 있겠는가[5] 하는 것이다.

---

3 박경일(2001: 32): "우리의 번역문화는, 비단 도올의 경우에 한정되지 않고, 광범한 분야에 걸쳐서 오역들로 얼룩져 있다. 가장 우려가 되는 것은 최고의 영어 전문가라 할 영문학 교수들 역시 이 같은 오역으로부터 자유로울 수 없다는 점이다. 올바른 영어 읽기가 선행되지 않고서는 올바른 학문 연구를 기대할 수 없다. 경우에 따라서는 오역이 학문적인 바탕을 뒤흔드는 치명적인 상처가 될 수도 있다. 그것은 단순히 한 단어 또는 한 구절의 오역에 그치는 것이 아니다. 이 같은 사태를 방지하는 길은 기초적인 영어교육을 강화하고, 어떤 형태이건 간에 올바른 읽기와 번역을 서로 도와주고 감시하는 기구, 그리고 건전한 번역문화 정착을 위한 번역비평의 제도화가 절실하다. 이 같은 문제들은 비단 학문과 교육의 문제에 그치는 것이 아니라 국가적인 시급한 현안이라고 생각된다."

4 신정근(2001: 238).

5 동형어 '문화'의 세 의미 활용은 김영민(1998)에서 빌린 것이다.

### 번역인문학

'번역인문학'은 일견 생소한 말이다. 사실, '번역'이 앞에 붙어 이루어지는 '번역문학', '번역비평' 등이나, '불교인문학', '표현인문학' 등 인문학과 복합어를 이루는 말들은 더러 들어 보았어도 '번역인문학'은 상당히 낯설어 보인다.[6] 그러나 실은 많은 연구자들이 자신도 모르게 '번역인문학'을 해 왔고, 또 지금도 하고 있다. 동양의 고전이든 서양의 고전이든, 고전번역의 중요성을 역설해 온 연구자들은 실은 '번역인문학'의 중요성을 역설해 온 것이나 다름없다.[7] 또한, 굳이 고전이 아니더라도, 외국문학이나 철학 등 인문학 분야의 저술들의 번역에 힘써 온 연구자들 역시 실질적으로는 '번역인문학'을 해 온 것이라 말할 수 있다. 그럼에도 지금 굳이 '번역인문학'을 말하는 것은 문제를 새롭게 인식하자는 것이다.[8] 사실 '번역인문학'은 고전번역 문제에 국한되는 것이 아니라, 인문학번역 문제 전반을 포괄하고자 하는 하나의 문제 제기이다. 인문학번역의 다양한 측면들을 성찰하면서, '위기의 인문학'과 '척박한 번역문화'를 아울러 살피며 하나의 돌파구의

---

6 '번역인문학'이란 표현은 2006년 4월 현재 구글이나 알타비스타에서 검색되지 않는다.

7 김혜경(2000: 169): "번역은 우리 문화의 빈 부분을 채워나가는 소중한 작업이다. 따라서 아무리 강조해도 모자란 것이 이 작업의 중요성이련만 어찌된 일인지 여기에 대한 우리의 인식은 그간 별로 열정적인 것이 아니었다. 특히 한문 고전의 번역은 알려진 몇몇 경우를 제외하면 더욱 그러했음을 부인하기 어렵다."

8 France(2000a: 7).

계기를 마련하자는 것이다. 번역비평을 통해 그간의 인문학번역을 다시금 반성하고 인문학 연구를 새롭게 하기 위한 하나의 모색인 번역인문학은 연구의 진척에 따라서는 학제적 연구로서의 '번역인문학'으로 발돋움할 수도 있을 것이다.[9]

번역은 흔히 문학번역과 비문학번역으로, 혹은 전문번역과 실용번역으로 대별되지만, 때로는 문학번역, 실용번역(혹은 기술번역) 외에 '철학번역'의 구분의 필요성이 제기되기도 한다.[10] 라이스(2002)는 번역비평을 위한 텍스트 장르 구분을 K. 뷜러가 제시한 (객관적) 재현, (주관적) 표현, (설득적) 호소라는 언어의 세 기능의 주요 작용에 따라 한 후, 네 번째로 '청각 미디어' 텍스트를 추가하기도 했다.[11] 주제의 측면에서 보면, 인문학번역은 번역의 대상이 인문학 텍스트인 번역이기에, 무엇을 인문학으로 보느냐에 따라 그 구분이 다소 모호해지는 경우도 충분히 있을 수 있으나,[12] 이른바 '문사철'의 번역, 즉 넓은 의미의 문학번역, 역사번역, 철

---

9 프랑스 루앙 대학에서 2006년 3월에 '인문학번역—방법과 쟁점Traduire les sciences humaines: méthodes et enjeux'을 주제로 국제학술회의가 개최되었고, 캐나다 번역학회의 기관지인 *TTR*(*Translation Terminology Writing*)에서 '번역과 인문학 분야La traduction et le champ des sciences humaines'를 주제로 한 것이 머지않아 출간될 예정인데, 자세한 정보를 얻지 못하여 잘 모르긴 하나, '번역인문학'과 같은 분야 차원의 연구에 대한 제안은 아직 없는 것으로 보인다.

10 Ladmiral(2004) 참고.

11 Vandaele(2003) 참고.

12 인문학과 자연과학의 엄밀한 구분이 지양되고 있는 현 추세를 고려하면 엄격한 구분은 어려울뿐더러 그 자체가 우리의 목적도 아니다.

학번역이 대표적 인문학번역이라는 데에 이의를 제기할 사람은 별로 없을 것이다. 인문학번역은, 특히 그 의미들이나 해석의 추상성 내지는 상대적인 '불투명성'으로 인해—근본적 차이는 아니라 할지라도—과학번역, 기술번역, 실용번역과는 그 성격에 차이가 있다고 말할 수 있다.

고영섭(2003)은 오늘 우리 인문학의 위기는 어학, 문학, 역사, 철학(윤리) 등을 근간으로 하는 학문의 뿌리로서의 '인문학'이 그 이름과 달리 그 글을 쓴 사람의 '삶의 질'을 기반으로 하는 '인간의 향기', '인간의 무늬', '인간의 가치' 등을 탈색시킴으로써 스스로 소외를 자초해 온 측면이 없지 않다고 지적한다. 번역인문학도 어떤 정밀한 방법론을 주체와 무관하게 적용하는 것이 아니라, 오늘의 인문학을 반성하고 내일의 인문학을 준비하려는 문제 제기의 일단이기에, '인간의 향기', '인간의 무늬', '인간의 가치'와 무관할 수 없다. 그렇다면 '인문학의 위기'와 '척박한 번역문화'를 당면한 우리 삶의 문제 가운데 하나로 인식하는 번역인문학은 우리의 당면 문제인, 고전번역을 비롯한 기존 인문학번역 문제에 대한 성찰로부터 시작되어야 할 것이다. 안장리(2005:301)는 인문학의 위기가 '인문학적 사유의 위기이며, 인문학적 비판정신의 위축에서 비롯된' 것으로 본다. 인문학이 '반성적 탐구'이고, '존재하는 모든 것을 비판적 검토의 대상으로 삼는' 것일진대,[13] 우리 인문학번역 역시 당연히 검토와 재검토의

13 이성원(1994: 13).

대상이 되어야 한다.[14]

윤지관(2001b:28-29)은 '어느 사회에서나 번역은 그 자체가 만만찮은 사회·문화적 중요성을 가지거니와, 특히 우리와 같은 비서구 제3세계적인 입지에서 그것이 차지하는 담론 형성상의 위력은 거의 절대적이라고까지' 말할 수 있는데, '우리 학계에서는 번역이 가지는 이러한 중요성에 걸맞은 관심이 주어지지 않았다는 것'을 우선 문제로 지적한다. 그는 '특히 서구의 번역을 통한 학문활동이 일반화된 인문학이나 사회과학에서 이것은 학문에 대한 자의식의 결핍을 반영하는 것'이라며 우리의 인문사회과학계에 일침을 가한다. '번역을 경시하는 풍조가 아직도 우리 학계를 지배하고 있'으며, '이것이 한국의 자생적인 인문학 발전에 기본적인 장애 요인'이라는 정준영(2001:61-63)은 '서양 고전 번역 자체가 인문학적 탐구의 성격'을 가지는 것임을 강조한다. 그는 나아가 '동/서양 고전의 연구와 교류를 통해 새로운 한국 인문학의 지평을 열 수 있을' 것으로 조심스레 기대하며, 그 이유로 '고전과의 대화가 지나간 기억의 편린을 떠올리는 데 그치는 것이 아니라, 역동적인 해석의 작업을 동반한다고 볼 수 있기 때문'임을 들고 있다.

---

14 김영희(1999:3): "옛것 가운데도 버리지 말고 오히려 참되게 살려나가야 할 것들이 많으려니와, 새것 추구만으로는 '비평정신'과 거리가 먼 대세 추종으로 흐를 위험이 크다. 스스로 거듭남을 두려워하거나 게으르지 않되 필요한 경우에는 대세에 단호하게 거스르는 것, 그것이 영문학을 포함한 인문학, 나아가 대학의 핵심인 비평정신의 모습이 아니겠는가."

표정훈(2000)은 '인문학의 위기'는 고전 연구와 번역을 통해 새로운 인간 이해의 지평을 넓히는 것, 요컨대 법고창신法古創新에 실패한 것을 근원적인 원인으로 진단한다. 최희봉(2000:288)은 우리 '철학의 토양'을 기름지게 하기 위해 '필수적인 것이 동서양의 고전을 우리글로 옮기는 일'이고, '동서양의 고전적 사상들이 우리글로 쉽게 읽힐 수 있을 때, 그때에야 비로소 우리 사회는 우리 고유의 사상을 생산해 낼 준비가 된' 것이다, '오늘날 많은 사람들이 우려하는 인문학의 위기를 극복하는 일도 여기서부터 시작'되어야 한다며 유사한 견해를 표명한다. 이는 비단 '철학 토양'만의 문제가 아니라 모든 인문학 분야와 관련된  문제이다. 박상익(2006:221)은 한걸음 더 나아가, '인류의 고전적인 텍스트를 우리말로 바꾸어 우리의 고전으로 편입시키는 작업이야말로 우리 시대의 인문학 연구가 할 수 있는 가장 가치 있는 일 가운데 하나'라고 강력히 주장한다. 인문학번역의 근간이라 할 수 있는 고전번역은 이제 번역인문학적 차원에서 새로운 종합적인 검토와 성찰이 필요하다.[15]

번역인문학의 구축에는 1930년대에 여러 연구자들에 의해 제

15 이동환(1991: 217): "그런데 아무리 훌륭한 고전이라 하더라도 그것이 다중의 사고나 인격 속에 교양으로 녹아들지 않으면 한갓 사치스러운 骨董에 지나지 않는다. 고전이 비전문가인 다중의 사고나 인격 속에 실제화되기 위해서는 전문가에 의한 그 시대마다의 언어로써의 번역이 필수적이다. 학문의 목적이 오늘과 내일의 가급적 다수의 사람들의 삶의 질을 높이고 내용을 풍부하게 하라는 데에 있는 한 고전의 좋은 번역은 학문의 중요한 一事이다."

기되었던 '번역문학'의 성립 과정이 얼마간 참고가 될 수 있다. 박성창(2005:14)은 '조선문학'과 '세계문학' 사이에 '번역문학이라는 매개항'을 설정하자는 주장의 대표적인 것으로 김성근의 〈번역문학의 수립〉을 든다. 김성근은 번역 문학의 수립이 '우리 문학의 질적 향상을 위해 급선무의 하나'이며, '외국문학도의 진정한 임무는 번역문학의 수립'에 있다고 보았는데, 외국 인문학 연구자의 주요 임무 역시 '번역인문학'의 구축이라고 말할 수 있다. 그러나 번역인문학은 한국 인문학과 세계 인문학 사이의 '단순 매개항'이 아니라 그 자체로 양자를 포섭하는 치열한 인문학적 탐구가 되어야 할 것이다. 김혜경(2000:189)은 '예나 지금이나 번역은 단순히 한 문화의 다른 문화로의 전달이나 이동', 혹은 '외국의 개념과 사상의 단순한 수용이 아니라 자국의 전통에 의한 외래 문화의 변용으로 인식되어야 한다'며, 그 한 예로 '메이지 시대에 활짝 핀 번역의 무대'를 든다. 번역비평을 통한 번역인문학 연구는 새로운 '번역시대'를 열어가야 할 것이다.

김유중(2003:39)은 '정작 중요한 것은 언어를 옮기는 것이 아니라 그 밑바닥에 놓인 사유의 틀 자체를 들추어 내고 그 차이를 체계적으로 비교 분석하고, 소개하는 것'이라 말한다. 번역이 '이질적인 두 언어와 그것을 기반으로 한 사유체계가 다른, 두 공동체 사이에 본질적으로 내재하는 이질성 자체를 문제삼는 작업'이기에[16] 번역인문학에서는 '일종의 사상적 대결'이 발생할 수도 있는

16 김유중(2003:40): "번역이란 기본적으로 이러한 심연, 즉 공동체들 사이

것이다. 정선태(2003b:50)의 말처럼, '문화 전통의 깊이에 대한 이해와 이질성에 대한 이해가 길항하면서 어떻게 새로운 의미가 생산되고 자리를 잡아 가는지를 밝히는 게 사상사의 과제 가운데 하나라면, 이질적인 문화의 번역은 그 자체로 사상사적 과제를 머금고 있다'고 말할 수 있을 것이다. 물론 번역에서의 '사상적 대결'도 의미 있는 것이다. 그러나 번역인문학은 보다 수사적이며 보다 소통적인, 폴 리쾨르(2004)가 말하는 '언어적 환대hospitalité langagière'[17]에 보다 깊은 관심을 가질 필요가 있다. '사상적 대결'도 번역인문학의 한 모습이고, 보다 수사적인 '언어적 환대'도 번역인문학의 한 모습이다. 이는 잘잘못의 문제가 아니라 선호의 문제요 선택의 문제이다.

---

의 본질적인 차이로 말미암아 빚어지는 사고방식의 차이, 사유의 엇갈림 문제를 해결하고 이어 주는 중개 기술이다. 그것은 특정의 공동체 내부에서는 도저히 사유될 수 없는 것을 사유할 수 있게끔 만들어 주는 기술인 것이다. 거기서는 모종의 도전정신과 도약이 개입한다. 그런 뜻에서 번역이란 공동체의 갇힌 구조가 지닌 한계와 울타리를 넘어서고자 하는 '사회'적 기술이다."

17 리쾨르(2006): "번역가의 과제의 어려움을 극단적으로 부각시키는 주장에도 불구하고 번역가는 자신의 행복을 내가 '언어적 환대'라고 부르는 것 속에서 찾을 수 있는 것이다. […] 따라서 번역가는 합치 없는 등가correspondance sans adéquation라는 체제를 따를 수밖에 없다. […] 결국 언어적 환대란 이국의 언어를 모국어라는 자신의 집에 맞아들임으로써 타자의 언어를 체험하는 기쁨을 누리는 것이다"(88-89); "내가 보기에는 번역이라는 것이 지적, 이론적, 실무적 차원에서뿐 아니라 윤리적 차원의 문제를 제기한다. 두 주인을 섬기려다가 두 주인을 모두 배신하는 위험을 무릅쓰고 독자를 저자에게 데려가는 것, 혹은 저자를 독자에게 데려가는 것은 결국 '언어적 환대'를 실행하는 것이다"(118-119).

그렇다면 번역자, 즉 번역 주체의 문제의식이 중요할 수밖에 없다. 박원재(1999:267)는 우리가 《장자》를 고전이기 때문에 번역한다는 것은 '본말이 전도된 대답에 불과하다'고 말한다. '고전이기 때문에 번역하는 것이 아니라 지금도 번역할 가치가 있기 때문에 고전'이라는 것이다.[18] 근자에 번역학에서 번역자의 '불투명성' 혹은 '주관성'이 자주 논의되는데, 번역인문학에서도 번역 주체의 문제는 우선적으로 성찰해야 할 것이다. 번역 방법이라는 것도 번역 주체의 문제의식과 무관할 수가 없다. 근자에 서구에서 자주 논의되고 있는 A. 베르만이나 H. 메쇼닉에게서의 '직역' 혹은 '문자적 번역'[19]의 문제도 성경을 포함한 문학과 문학번역에

---

18 박원재(1999:267): "《장자》는 하나의 텍스트이다. 따라서 그에 대한 해석은 끝없이 열려 있다. 그렇다면 필요한 것은 번역이라는 방식을 통해 《장자》와 만나는 각 해석 주관의 색깔이다. 만약 그들 사이에 변별성이 없다면 번역서가 몇 백 권이 나오더라도 전혀 기뻐할 일이 못 된다. 문제는 수직적인 양의 축적이 아니라 수평적인 질의 다양성인 것이다."

19 정혜용(2005): "결과적으로, 실용 텍스트의 경우 번역이 의미와 형식의 연결 고리를 끊고 둘 사이로 비집고 들어가, 형식은 떼놓고 의미만을 상이한 어·문화권에 이식하는 행위를 허용한다면, 형식과 의미가 일체를 이루고 있는 문학 텍스트의 경우 번역이라는 이름으로 형식과 의미의 분리를 시도한다는 것은, 문학 텍스트를 파괴한 후 그 생명력을 상실한 텍스트를 다른 어·문화권으로 실어 나르는 것을 의미한다. (…) 베르만은 '형태의形態意 번역traduction-de-la-lettre'을 그에 대한 해답으로 제시한다. (…) 즉각 '자구'를 연상시키는 'lettre'로 인해 빈번하게 '단어 대 단어 번역'으로 오인받는 '형태의形態意 번역'은, 베르만의 설명에 따르면, 자구 중심 번역과는 아무 연관이 없다. '형태의形態意 번역'의 시작은 원 텍스트의 시스템 내에서 의미 산출에 개입하고 있는 형식 요소들을 파악하여 그것들이 산출하는 의미를 읽어내는 작업이다"(282-283).

대한 그들의 문제의식에서 비롯된 것이다.[20]

번역이 누구나 할 수 있는 것이긴 하나, 아무나 할 수 있는 것이 아니라는 것은 인문학번역에서 특히 그러하다. 바로 문제의식이 문제이기 때문이다. 그리고 이는 기존의 인문학번역에서 우리가 충분히 실감하고 있는 바이다. 정선태(2003a:109)는 일본의 사상가 마루야마의 말을 빌려 '모든 사상사란 결국 종래의 사상을 바꿔 읽어 가는 역사, 그러니까 과거의 사상을 거듭 읽음으로써 새롭게 해석해 가는 역사에 지나지 않는다'고 말한다. 그가 지적하듯, '무'에서 창조되는 문화란 존재하지 않는다면,[21] '번역을 통한 인문학 텍스트 구축'[22]은 인문학 최우선 과제의 하나일 수밖에 없다. '번역을 통한 지적 자원 확충 문제는 이제 21세기 국가 경쟁력 차원에서 생각해야' 한다는 박상익(2002:373)의 주장은 전혀 과장된 표현이 아니다.

이러한 상황에서 번역인문학의 구축을 위해서는 우선적으로 언어에 대한 새로운 인식과 이를 바탕으로 한 번역에 대한 새로운 사고가 필요하며, 번역인문학에도 여타 인문학에서처럼 그 시각

20 정혜용(2006a: 251-252) 참고.

21 정선태(2003a: 112): "문화인류학에서 말하듯 '무'에서 창조되는 문화란 존재하지 않는다. 여러 방향에서 흘러든 문화들이 뒤섞이고 소용돌이치면서 수용자쪽의 '다양한 조건들'에 따라 변용 · 재창조될 따름이다. '순수한 문화'란 그 발상 자체가 환상일 수밖에 없다. 그 과정에서 강력한 영향력을 행사하는 것이 번역이며, 번역자는 상이한 문화를 이어주는 매개자/중개자 역할을 담당한다."

22 박상익(2002: 375) 참고.

과 방법의 다양성을 인정하는 '탐구의 수사학'적 접근이 필요하다.[23] 번역비평도 '맞았다/틀렸다'나 '잘 됐다/못 됐다'를 넘어서 '상호주관성'이 바탕이 된 비평적 이해를 위해서는 번역학과의 긴밀한 교섭이 필요하다. 이러한 과정을 통해 인문학번역은 보다 인문학적으로 될 수 있고, 그렇게 이루어지는 번역들은 번역비평의 새로운 토양이 될 것이며, 이러한 토양은 보다 풍요로운 번역인문학의 바탕이 될 것이다. 번역인문학은 번역비평을 바탕으로 하여 이루어져야 하지만, 양자 모두 번역에 대한 성찰이라 할 수 있는 번역학과 무관할 수 없다. 번역의 번역학적 탐구는 번역의 보다 나은 이해를 가능하게 하며, 이러한 이해는 번역의 비평적 분석과 성찰을 보다 더 넓고 깊게 할 수 있을 것이다.[24]

## 번역문법, 번역학, 번역비평

우리가 오역문화를 탓하면서도 오역문화의 주요 원인의 하나가 번역에 대한 번역자들의—의식적 무의식적—번역론 혹은 번역태도라는 문제는 별로 심각한 의식의 대상이 되어 있지 않은 듯하다.[25] 직업 번역가들의 상당수, 심지어는 일부 번역학자도 번역을 '잘'하기 위해 번역론, 번역이론을 굳이 배워야 한다고 생각지

23 전성기(2007a) 참고.

24 유명우(2000: 253)는 '번역학은 단순히 번역에만 도움이 되는 것이 아니라 세분화된 인문학을 통정 연합하여 새로운 지평을 열어 주는 데에도 커다란 도움을 줄 것'으로 기대한다.

25 Hewson/Martin(2001: 6).

않는데, 일리가 전혀 없는 것은 아니다. 그러나 우리의 번역문화에 문제가 있고, 그것이 우리 인문학번역의 문제와 결코 무관하지 않아 번역비평을 통해 개선하고자 한다면 관련된 번역학의 다양한 측면들을 살피지 않을 수 없다. 최근에 한국학술진흥재단의 지원을 받아 연구가 진행되어 출판된, 영미문학연구회 번역평가사업단(2005)의 《영미명작, 좋은 번역을 찾아서》는 이에 대해 시사하는 바가 많은 노작이다.

이들은 '번역의 질을 가늠하는 논의는 여러 차원에서 이루어질 수 있을 터'이나, '이 작업에서 우리의 1차적인 관심은 본격적인 번역비평이라기보다는 그 비평의 대상으로 삼을 만한 번역본들을 걸러 내는 기본적인 수준에서의 평가'라고 서문에서 밝힌 후,[26] '번역의 질을 판별하는 기본 범주를 크게 나누어 충실성의 영역, 가독성의 영역으로 분류'하는데, 그 실제 내용은 '각 범주에서 심각한 오류의 빈도를 기준으로 각 번역본에 등급을 부여'한 것이다. 즉 두 영역 모두에서 오류가 적을수록 추천 가능성이 높은 번역서가 되는 것이다.[27] 넓게 보면, 충실성의 기준에 어긋

26 번역평가사업단(2005: 6): "그런 점에서는 본격 비평을 위한 일종의 정지작업이라고 하는 게 옳겠다. 물론 '비평'에 해당되는 내용들도 서술에 포함되기는 하지만, 평가의 기준 자체는 번역 텍스트가 갖추어야 할 가장 기본적이면서 필수적인 요건들—원본의 번역물로서 갖추어야 할 충실성과 한국어 텍스트로서의 가독성—로 국한하였다는 뜻이다."

27 이들은, 보다 구체적으로, 원문대조를 통해 번역에서 나타나는 문제를 지적할 때에는 ① 정확성 ② 적절성 ③ 적합성이라는 기준들을, 이 기준들에 저촉되는 경우들에는 부정확 · 부적절 · 부적합이라는 표현을 사용하는데, ①과 ②

난다는 ① 부정확성 ② 부적절성은 주로 원어와 그 문화를 잘 모르는 데에 기인하는 것이고, 가독성의 기준에 어긋난다는 ③ 부적합성은 주로 모국어인 역어와 그 문화를 충분히 고려하지 못한 데에서 비롯된 것이다. 최종 검토본 572종 가운데, 6개 평가 등급 중 상위 두 등급에 해당하는 추천본은 총 62종이고, '그중에서도 신뢰도가 매우 높아 거의 오류를 찾아보기 힘들고 원작의 작품성을 잘 살려낸 번역본으로 최고등급을 받은 종수는 단 6종에 불과' 한 것으로 결과가 나타나 있다. 번역평가사업단(2005:32)은 '전문 번역자가 하든 전문 연구자가 하든, 성실한 번역이란 작품의 이해와 연구, 해석의 작업을 수반하며, 그럴 때만이 좋은 결과물이 나올 수 있다'고 지적한 후, '부실번역의 양산은 왜곡된 정보를 낳고, 그것은 결국 학문적 · 문화적 부실공사로 이어진다는 점에서 이와 같은 번역 현실에 대한 영미문학계 전반의 맹성猛省'을 촉구하고 있다(35).

이 연구는 많은 인문학번역이 인문학 의식이 결여된 상태에서 이루어져 왔음을 웅변적으로 보여 주는 좋은 예이다.[28] 물론 인문

---

는 충실성 범주에, ③은 가독성 범주에 해당한다. 평가자들은 '부정확'은 원문의 단어나 구절, 문장의 원의와 동떨어진 번역을 말하며, '부적절'은 대강의 의미는 전달되나 적절하지 못한 단어와 표현을 사용하여 적확한 의미전달에는 실패한 경우라고 설명한다. 이렇게 '부정확하거나 부적절한 대목이 자주 발견되는 번역본은 충실성이 떨어지는 것으로' 평가된다. 한편 부적합은 역어인 한국어의 '언어와 문화로 변환하는 데 문제가 있는 경우'들이고, 그 예는 비문, 오문, 생경한 번역투 문장, 문화변환의 오류, 시대착오 등이다.

28 김수용(2004: 324): "외국 고전문학 작품들의 경우 국내에서 지난 수십

학번역이 사회적 · 문화적 · 제도적 여건이 개선되어야 본격적인 발전이 가능한 것을 우리가 모르는 바 아니다.[29] 특히, '오역誤譯'의 근본 원인의 하나로, 번역자에게 시간을 너무 짧게 주는 출판계의 고질적인 관행이나, 번역이 학술 업적으로 인정되지 않아 연구자들에게 '과외의 일'쯤으로 치부되고 있는 상황[30]은 시급히 개선되어야 한다. 그러나 여건이 어렵다고 해서 오역문화에 대해 앞서도 지적되었고 많은 평자들이 공감하고 있는 것으로 보이는 '정성을 다하지 못한 번역'[31] 혹은 '불성실한 번역'이 계속 용인될 수 있는 것은 아니다. 오역이 번역자의 '병가지상사'라고는 하지만, 오역의 만연이 우리 번역문화의 일종의 아킬레스건 내지 '고질병'처럼 되어 있는 것은 인문학번역이 무엇인지, 어떻게 번역해야 하는지에 대해 충분히 고민해 오지 못한 우리 인문학 연구자들의 책임이라 하지 않을 수 없다.

위의 작업 이외에도 번역에 대한 성찰이 근래 많은 식자들이 그

---

년간 역시 수십 명의 번역자를 거쳐 오늘에 이른 작품들도 많지만 이에 대해 진정한 의미에서의 번역비평은 이루어지지 않고 있다. 해외에서 한국문학번역작품은 우선 독자층 확보에 어려움이 많고 전문가들에 의한 비평을 기대하기는 더욱 어렵다."

29 이상원(2004)은 '대부분의 번역비평이 좋은 점, 잘된 점보다는 나쁜 점, 부족한 점에 초점을 맞춘다는 점'을 지적하며, 'Toury(1995)와 Chesterman(1997)의 번역 규범 개념을 바탕으로 다섯 가지 번역 규범 분석틀을 추출하여 출판 번역 비평을 분석'한 바 있다.

30 《조선일보》, 2004년 3월 9일.

31 《비극의 탄생》 번역 서평(http://www.gosinga.net/archives/33) 참고.

필요성에 공감하는 '번역비평'을 통해 활성화될 조짐을 보이고 있다. 1980년대 김용옥의 《동양학 어떻게 할 것인가》(1985),[32] 황현산의 〈불문학—번역과 번역창작〉(1986), 2권이 나오고 중단된 90년대 초의 번역비평서 《미메시스》에 이어, 최근에 고전번역들에 대한 검토 작업들이 다양하게 이루어지고 있음은 무척 다행스러운 일로, 학술잡지 《오늘의 동양사상》의 기획 '고전번역의 현주소', 《시대와 철학》의 동서양 원전 번역에 대한 집중 분석, 《안과밖》의 '번역을 짚어본다'와 《교수신문》의 '고전번역 비평'[33] 시리즈를 비롯하여 강대진(2004), 이재호(2005), 박상익(2006)의 업적 등이 돋보인다.[34] 이러한 업적들 덕분에 갖게 되는 번역비평에 대한 전망과 기대에도 불구하고, 전반적으로는 우리의 번역비평이 '오역비평'을 크게 벗어나지 못하고 있다는 인상을 지우기 어려운 것이 현실이다. 또한 충실성이나 정확성, 적합성, 적절성 등 '좋은' 번역, '잘된' 번역에 대한 기준들이 언급되더라도 번역문법이나 번역학과의 연계성이 잘 드러나 보이지 않는 경우가 대부분이다. 이는 일부 번역학 연구들이 언어나 문화와 관련된 '번역오류' 문제를 다루기도 하지만, 막상 번역이론들은 대개 원천 언어-문화,[35] 목표 언어-문화에 대한 지식을 번역의 '전제 조건'으

32 김혜경(2000) 참고.

33 교수신문 엮음(2006) 참고.

34 김효중(1996), 송승철(2001) 참고.

35 하이픈은 일반의미론에서 불가분의 관계를 나타낼 때 사용되는 부호이다.

로 여길 뿐, 본격적인 번역학의 문제들로 여기지 않고 있는 실정과 무관하지 않은 것으로 보인다.

이러한 상황에서 우리의 오역풍조를 획기적으로 개선하기 위해서는 외국 고전학이나 한문학 등 고전학을 연구하는 사람들부터 번역인문학에 본격적으로 나설 필요가 있는데, 우선 기존의 인문학번역들을 분석하고 평가하는 번역비평이 광범위하면서도 심도 있게 이루어져야 한다. 이러한 작업의 활성화를 위해서는 오역비평이 묵시적으로 전제하면서도 제대로 연구되지 못하고 있는 '번역문법'이 우선 활발히 탐구되어야 한다. 병리학이 의학자나 생물학자에게 생체의 정상적 기능 작용에 대한 지식을 심화시켜 주듯이, 번역 오류의 연구는 성공한 번역에 이르는 과정[36]과 번역문법에 대해 많은 가르침을 줄 것이며, 이를 통해 번역문법이 번역의 '임상문법'으로 작용하는 계기도 마련될 것이다. 나아가, 번역교육의 기본이 되는 외국어 문법의 교육도 해당 나라에서 글을 가르치기 위한 것이 기본 목적인 '전통문법'적인 방식에 의해서가 아니라, 우리의 필요에 따른 '번역문법'에 의거해 이루어질 수 있을 것이고, 외국어사전도 광범위한 실제의 '잘된' 번역 사례들의 수집을 통해 본격적인 번역사전이 편찬될 수 있다면 인문학번역의 보다 나은 참고서 역할을 할 수 있게 될 것이다. 번역문법은 번역글쓰기와 결코 무관하지 않다. 오역문화의 개선은 실은 번역글쓰기의 개선과 맞물려 있는 문제이다.

---

36 Ladmiral(1998: 141).

번역비평의 실천과 탐구를 위해 우리는 번역학의 성과들을 보다 가까이 살피지 않을 수 없다.[37] 라드미랄(1987)은 '예전'의 번역학을 '금지'의 번역학 혹은 '규범적 번역학', '어제'의 번역학을 '기술적descriptif' 번역학, '내일'의 번역학은 '연역적' 번역학 혹은 '과학적' 번역학, 그리고 '오늘'의 번역학은 '생산적productif' 번역학이라 부른다. 이 '생산적' 번역학은 번역 실천을 용이하게 해 줄 목적으로 일련의 개념과 원리들을 짜맞추는 '편익적facilitateur' 담론들로 이루어진다. 그는 이러한 '편익적' 담론을 번역자의 번역상의 심리적 고충이나 고통들을 일시적으로나마 해결해 준다는 점에서 '치료적 담론'이라고도 말한다. 그 자신이 독일철학, 정신분석학 등의 인문학번역가인 라드미랄(2004:150)은 '연역적 · 과학적 번역학의 발전을 기다리는 동안 우리는 인식론적 오만을 물리치고 번역학이라는 것이 인문과학임을 상기하여야 할 것'이라고 조언한다. 번역학은 학문이라기에는 '인간적인, 너무도 인간적인' 것이라는 게 그의 토로이다. 다양한 번역학적 담론들로 구성될 수 있는 '생산적' 번역학은 번역비평과의 긴밀한 협조를 통해 인문학번역이 보다 인문학적으로 되도록 하는, 번역인문학이 활성화되도록 도와주는 주요 조력자 역할을 할 수 있을 것이다.

원천 언어-문화의 목표 언어-문화로의 번역을 넓은 의미의 '문법'의 관점에서 탐구하는 번역문법도 다양한 측면에서 탐구될 수 있다. 현재까지는 번역문법이 주로 오류 분석의 차원에서 이루어

---

37 France(2000a: 7).

졌지만, 번역이 단순히 맞다/틀리다의 문제가 아니라 거의 대부분의 경우 여러 가능성을 포함하고 있기 때문에, 오류의 단정들이 전제하는 규범이나 사실들이 번역학적으로 섬세하게 기술될 필요가 있다. 《영미명작, 좋은 번역을 찾아서》를 비롯하여 《잔혹한 책읽기》(강대진, 2004), 《문화의 오역》(이재호, 2005) 등은 모두 번역문법 탐구의 예들이지만, 이들 모두 아직 본격적인 혹은 체계적인 번역문법의 기술서는 아니다. 불한번역, 한불번역을 의미론, 화용론, 텍스트학의 측면에서 대조분석적으로 보다 자세히 다루고 있는 《의미 번역 문법》(전성기, 2002)은 본격적인 번역문법의 기술서에 얼마간 근접한 것으로 볼 수 있다. 번역학의 경우와 대조적으로, 지금까지의 거의 대부분의 번역문법이 '금지의' 혹은 '규범적' 번역문법이라면, 그리고 '내일'의 번역문법이 '과학적' 번역문법을 지향해야 한다면, 오역문화의 개선을 위한, 그리고 번역인문학의 구축을 위한 오늘의 번역문법은 번역학을 포함한 다양한 학제적 모색을 통한 '생산적' 번역문법이 되어야 할 것이다.

번역문법은 무엇보다도 의미의 문법이다. 번역에서 우선적으로 문제가 되는 의미는 랑그상의 의미가 아니라 담론상의 의미, 텍스트상의 의미, 상황맥락적 의미이다. 이 의미들은 문법 의미와 어휘 의미, 텍스트나 담론상의 의미와 결합된 문법 의미와 어휘 의미, 이러한 의미들과 맥락이나 상황이 어우러진 의미 등을 포함한다. 시피니앙의 시적 기능이나 효과도 번역의 대상이 되어야 한다는 점을 고려하면, 번역은 철저한 의미 번역이 될 수밖에 없다. 중요한 것은 이러한 의미들 중에서 '변별적'인 것들, 그리고 '변별적인 것들'로 생각되는 것들을 가능한 한 최대로 포착하여, 이들을 적절한 역어의 표현들을 통해 재현해 내는 것이다. '등가'의 다양한 종류, 예를 들어 W. 콜러가 말하는 '내용적 등가', '형태적 등가', '텍스트적 등가', '의사소통적 등가'나,[38] 앙리(1995:367)가 지적하는 텍스트의 '언어', '문자', '정신', '의미'에 대한 '등가'나 모두 변별적 의미들의 종류로 이해될 수 있는 것들이고, 이들은 어떤 형태로든 역어의 형태를 통해 재현될 수 있어야 하는 것들이다.

일반번역 혹은 실용번역에서보다 훨씬 세심한 '읽기'가 필요한 인문학번역의 대부분의 오류는 이러한 섬세한 번역문법적 측면을 충분히 이해하지 못한 데에 기인하는 것으로 보인다. 특히 이른바 '문화 오역'의 경우에는 문법 의미나 어휘 의미와 사물의 의미의 구분이 명확하지 않아—즉 '번역문법'이 '내용 이해'와 상당 부분 혼재되어 있어—'번역문법'을 말하기 어려운 경우들도 있을 수 있다. 바로 그렇기 때문에 번역비평을 위해서는 의미의 변별성을 언어 의미에 국한되지 않는 것으로, 언어 의미와 사물 의미에 두루 적용가능한 개념으로 이해할 필요가 있다. 이와 같이 변별성은 매우 다양한 요소들이 그 파악의 대상이기 때문에 매우 섬세하면서도 총괄적인 판단이 필요하다.

---

38 르드레르(2001: 58-60) 참고.

번역의 평가나 비평을 위해서는 변별성의 측면에서 '번역 단위'를 어떻게 결정하는가 하는 것도 중요하지만, 추출된 의미가 '유사성과 차이'에 근거한—원어에서이건 역어에서이건—'시니피앙의 변이 여부'에 의해 통제되는가 그렇지 않은가를 살피는 것도 번역의 적절성 판단, 나아가 비평에 중요하다. 의미의 변별성은, 많은 경우, 원문이나 역문의 한 부분을 다른 표현으로 대치했을 때, 그 결과 뜻이 다른 표현이 되는가, 혹은 표현은 다소 다르지만 전체적인 뜻은 '유사한가'를 살피는 과정을 통해 어느 정도 검증이 가능하다. 이를 전성기(2002a)에서는 '삼중대조분석'이라 이름하였는데, 이는 원어 표현들끼리의 대조, 역어 표현들끼리의 대조, 전자와 후자 사이의 교차 대조로 이루어진다. 변별적 의미들을 재현하는 표현들은—보다 섬세한 변별적 자질들을 고려하지 않음으로 인해—하나가 아니라 여럿이 될 수 있는데, 이러한 표현들은, 음운론에서와 마찬가지로, 번역상의 '변이형'으로 간주된다. 이 변이형들은 실용 번역의 경우와 달리, 인문학번역에서는 크게 축소될 수 있고, 경우에 따라서는 없을 수도 있다.

'삼중대조분석'과 같은 담론 혹은 텍스트 차원의 의미 · 화용론적 분석은 낱말 의미뿐 아니라 문장 구조의 의미, 화행 의미, 공시적 의미sens connotatif, 운율이나 리듬, '낱말들의 행위적 의미'[39] 등 모든 변별적 의미들을 번역의 평가 대상으로 한다. 이러한 대조분석은 랑그, 혹은 구조 차원의 분석에 치우친 지금까지의 대부

39 Meschonnic(1995), Delisle(2001a) 참고.

분의 대조분석과는 달리, 근본적으로 담론 분석, 텍스트 분석의 방법인 것이 두드러진 특색이다. 이때, 낱말이나 구, 문장 혹은 발화가 '미시구조'적 측면에 해당된다면, 논증 구조, 텍스트가 저자 중심 텍스트인가 독자 중심 텍스트인가 하는 텍스트의 성격, 본격적인 의미의 문체 비교[40] 등은 '거시구조'적 측면의 문제라고 말할 수 있다. 들릴(2001:211)은 번역을 텍스트의 독창적 성격에 대한 관찰과 분석에 기초한 실험적 · 경험적 기술art로 보기에 원텍스트의 짜임에서의 독창성을 찾아낼 필요가 있음을 역설한다. 그는 또한 메쇼닉이 강조하는 '리듬'이 시에 국한된 것이 아니며, 텍스트-번역이 의미-번역보다 우월함을 강조한다. 텍스트 차원의 삼중대조분석에서 맥락뿐 아니라 상호텍스트성도 고려한다면 훨씬 더 세밀한 해석과 번역이 가능할 것이다.

문학번역이든 아니든, 한국의 번역자나 독자들이 크게 선호하는 번역이 이른바 '유려한' 번역임은 잘 알려진 사실이다. 김석희(1999:33)는 '우리말 속에 녹아든 번역, 그러니까 우리글 속에서 원문이 보이지 않는 번역, 이것이 가장 좋은 상태의 번역이라고 믿고 있'다고 말한다. '번역된 책을 읽을 때 그 글에서 원문이 날것으로 읽힌다면, 그것은 잘된 번역이라고 하기 어렵'다는 것이다. 하지만 '유려한 번역'이 곧 '옳은' 번역, '맞는' 번역은 아니다. 이러한 선호는, 어쩌면 적어도 어느 정도는 오역과 비문들에 대한 반작용일지 모르겠으나, 여하튼 이른바 '잘된 번역'[41]이 하나

40 Hewson(2003: 297).

만 있는 것은 아니다. 번역의 대상, 목적, 필요 등 다양한 요소들에 따라 다양한 '적합한' 혹은 '적절한' 번역들이 다수 존재할 수 있다는 것이다. 예를 들어, 논란의 여지가 없지는 않지만, 문학번역에서도 '잘된 직역'이 얼마든지 있을 수 있다.[42] 핌(1997)이 말하는 '다중적 인과성'도 음미의 대상이다.[43]

라드미랄(1979:211)은 일반적으로 적용될 수 있는 번역학적 방법이 있다기보다 역자가 경우 경우마다 적응해야 한다는 조언을 한다. 이는 번역자가 문제에 부딪힐 때마다 적절하고 변별적인 질문을 하고, 그에 따른 답을 구할 수 있어야 함을 뜻하는 것으로 해석할 수 있다. 그는 번역이론이나 번역학에서 기대할 수 있는 '유일한 것'은 번역의 난제들을 밝히고 분류하며, 이들을 개념화하여 결정의 논리가 작용할 수 있도록 도와주는 것이라는 '임상적 관점'을 피력한다. 현재로서 번역학 담론보다도 '더 인간적'일 수밖에 없는 '번역비평'에서도 번역에 대한 이러한 '임상적 관점'

---

41 신정근(2001: 228): "'잘된 번역'이란 한국어의 어법과 문법을 충실하게 준수하면서 원문에 없는 글자를 자의적으로 삽입하지 않고 최소한의 언어를 사용하여 독자가 원문을 확인하지 않고도 텍스트와 대화하여 그것의 의미를 거의 완전할 정도로 재구성할 수 있는 경우를 말한다."

42 Berman(1999: 97-114) 참고.

43 Pym(1997: 98): "다중적 인과성에 탐구적 유용성이 없지 않다. 한 번역의 산출 여건들을 넘어, 이 개념은 왜 주어진 상황에서 어떤 선택들은 다른 것들보다 하기가 쉽다거나, 왜 어떤 전략은 구사하기가 보다 어려운지 알게 해 준다. 이러한 관점에서는 번역의 어떤 특성이 보편적으로 옳다거나, 혹은 보다 간단히, 어떤 경우에라도 실현 가능하다고 단언할 수가 없다."

을 충분히 고려한다면 번역에 대한 이해도 높이고, 해석상의 오해의 여지도 상당 부분 줄일 수 있을 것이다. 번역이론과 실제 번역을 이어 주는 '가교' 역할을 하는 번역비평에는 다양한 시각이 존재하는 것이 현실이다. 메이에르의 '제문론problématologie'의 관점에서 볼 때, 번역비평의 '이론'들이나 '주장'들은 번역의 '오류'나 '등가' 등 번역시 제기되는 '문제'들에 대한 번역비평가들이나 번역학자들 나름대로의 '답'들이라 할 수 있다.

메이에르(1994:52)는 수사학을 동일한 문제에 대해 대립된 판단을 할 수 있는 담론이라 말한다. 이는 상충되는 여러 견해들이 맞서는 번역비평도—사실은 거의 모든 담론들이 그러하지만—근본적으로 수사(학)적 담론의 영역임을 뜻하는 것이다. 논리적 필연성 · 유일성을 추구하는 논리학과 달리, 해석학과 수사학은 '답의 다수성'을 인정한다. 번역비평 담론들의 논의는 원저자, 원텍스트, 번역 텍스트, 번역자는 물론, 원어와 그 문화, 역어와 그 문화 등 번역의 다양한 '구성 요소'들에 대한 비평자의 '거리 교섭'이므로 근본적으로 수사적이다. 이러한 '거리 교섭'이 논자와 번역자 간의 거리를 좁히는 것이 아니라—의식적이든 무의식적이든, 그리고 아마도 그 '에고'라는 것 때문에—'거리 벌리기'나 '거리의 극대화'처럼 보이는 경우도 드물지 않는데, 이는 '번역인문학'의 구축이라는 우리의 당면 과제의 해결을 위해서는 그다지 바람직하지 않다.

이제 자리잡아야 할 번역비평에 절실히 필요한 덕목은 비평자가 자신도 모르는 사이에 '에고가 적나라하게 드러나지 않도록', 로저스 수사학이 말하는 '공감적 이해'[44]가 될 수 있도록 적극 노력하며, 협력과 협조, 공조와 공존의 미덕을 살리는 것이다.[45] 번역비평이 권력자의 비평이 아니라 번역의 질적 향상을 위한 '대화의 장', '협력의 장', '공감의 장'이 될 수 있어야, 그래서 번역 자체가 인문학적 탐구가 될 수 있어야 번역인문학이 올바로 구축되고 정립될 수 있을 것이다. 일종의 '메타번역비평'이라 할 수 있는 번역비평의 수사학적 · 해석학적 탐구는 이러한 작업에 매우 유용한 기여가 될 것이다. 이러한 번역의 관점에서의 해석학과 수사학의 탐구는 각각 '번역해석학', '번역수사학'이라 부를 수 있을 것이다.

**번역해석학과 번역수사학**

번역의 인문학적 사고의 토대 구축을 위한 상호 보완적인 몇 가지 관점이 있는데, 그중에 우선 꼽아야 할 것이 언어를 '문답'의 관점, '질문의 철학'의 관점에서 새롭게 이해하는 미셸 메이에르의 언어의 '제문론'이다. 언어의 제문론을 언어에 대한 하나의 '근본적이며 총괄적인 관점'으로 간주하며, 언어의 사용이 항상 문답과 관련된다는 것을 '일반 법칙'으로 제시하는 메이에르(1981)에게 언어의 근본적 단위는 문답의 쌍이다. 그는 '말하는 것은 답하

44 전성기(2006b) 참고.

45 번역에서의 '공감' 문제에 대해서는 Dussart(1994) 참고.

는 것'이고,[46] 우리가 하는 말의 의미는 기저의 혹은 명시적인 문답관계에 의해 주어지는 것으로 보는데, 이 관계가 맥락 의존적이므로 의미의 발견은 전제의 형태로 결정화된 맥락 정보에 입각한 추론이 될 수밖에 없다.[47]

답에는 두 종류가 있는데, 하나는 '응답적 답'이고, 다른 하나는 '제문적 답'이다. 전자는 해결책만을 내보이는 답이고, 후자는 문제가 되는 것을 나타내는 답이다.[48] 외견상 어떠한 질문도 나타내지 않기에 '응답적 답'이 답처럼 보이지 않을 수 있는가 하면, '제문적 답'도 외견상 문제를 제기하고 있는 것으로 보이지 않을 수도 있다. 하나의 답은 이 두 답의 성격을 모두 가질 수도, 즉 어떤 문제를 표현할 수도 해결할 수도 있으나, 동일한 문제는 아니다. 화자에게 응답적 답이 청자에게는 제문적 답이 될 수 있다. 모든 표현들의 지시관계는 '의문사들'에 의해 접근할 수 있기 때문에 존재한다. 즉, 지시관계는 질문성에서 비롯된다는 것이 제문론의 관점이다.

언어의 이러한 이해는 번역에도 그대로 적용된다. 원텍스트의 표현 하나하나가 저자의 묵시적 · 명시적 문답과정을 통해 선택된 일종의 '응답적 답'들인데, 이 답들이 번역자에게는 '제문적

---

46 Meyer(1994: 109).

47 문제로부터 답으로의 전이 혹은 답으로부터 문제로의 전이도 하나의 추론관계인데, 메이에르는 이러한 추론을 '제문론적 추론'이라고 부른다.

48 Meyer(2006) 참고.

답', 즉 문제들로 작용할 수 있다. 말하자면, 이해 과정 자체가 맥락을 고려한 문답 과정인 것이다. 이러한 번역의 제문론적 이해와 더불어 우리가 고려해야 할 것은, A. 베르만, H. 메쇼닉 등의 '직역론'을 통해, 그리고 다른 한편으로는 슈발리에 등의 신기욤학파 학자들을 통해 새롭게 부각된,[49] 번역에서의 '문자'의 중요성, 보다 넓게 말하면 '시니피앙'의 중요성인데, 이것이 두 번째 요소이다. 해석을 중요시하는 나머지 '해석 이론'이라고도 불리는 파리 통역번역대학원(에지트ESIT)의 '의미이론' 같은 번역의 의미 중심 이론에서는 번역에서의 시니피앙의 역할이 별로 인정받지 못하고 있는데, 해석의 출발점은 실은 의미가 아니라 '시니피앙'이다.[50]

발라르(2002:29)는 번역자가 의미가 아니라 '유의미 형태들formes signifiantes'에서 출발하는 것이라 지적한다. 번역자는 이를 먼저 '읽어야' 하고, 그런 다음 하나의 '의미를 구축'하기 위해 '해석'을 해야 한다는 것이다. 그는 또한 '이렇게 구축된 의미'가 번역자가 텍스트에 부여하는 나름대로의 의미일 것이므로, 저자의 의도, 다른 독자들의 해석과 다소 차이가 날 수도 있을 것이라며 주의를 환기키긴다. 그는 번역을 '섬세하고 주의 깊은 읽기'로 보기에(30) '번역이론 정립을 위한 오류 분석'을 '인간의 정신적 또

49 Chevalier/Launay/Molho(1984), Chevalier(1996) 참고.

50 그러나 에지트의 Israël(1998: 253)은 의미와 형태의 '불가분성indissolubilité'을 십분 강조한다.

는 육체적 기능을 이해하기 위해 기능 장애를 연구하는 것만큼이나 필요'한 것으로 인정한다(54). 비뇨(1999)가 말하는, 원저자의 의도와 대비되는 '원텍스트의 의도'의 파악[51]도 텍스트의 시니피앙을 소홀히 하고서는 결코 제대로 이루어질 수 없을 것이다. 이 시니피앙을 충분히 고려한다는 것은 맥락과 아울러 '상호텍스트성'도 살핀다는 것이며, 따라서 훨씬 더 세밀한 의미의 '등가관계'를 탐색한다는 것을 뜻한다.

고려해야 할 세 번째 요소는 코르지프스키가 제창한 '일반의미론'에서 말하는 근본적 '비아리스토텔레스적' 전제들로, a. 지도는 현지가 아니다, b. 지도는 현지의 모든 것을 다 표현하지 않는다, c. 지도는 재귀적이다, 이 세 가지이다. 이들은 각각 비동일성 원리, 비총칭성 원리, 재귀성 원리로도 불리는데, 코디쉬/코디쉬(2001:86-87)는 이 원리들을 언어의 측면에서 각각 '낱말들은 낱말들이 표상하는 사물이 아니다', '낱말들은 낱말들이 표상하는 모든 것을 포괄할 수 없다', '우리는 언어로 언어에 대해 말할 수 있다'로 풀이한다. '재귀성'은 자연어에서의 '번역의 가능성'의 토대가 되는 주요 원리이며, '메타언어' 혹은 '메타언어적 기능'이라는 개념을 통해 논의되어 왔던 개념이다. '비동일성'과 '비총칭성'은 낱말뿐 아니라 발화, 나아가 텍스트에까지도 적용될 수 있는 개념들로, 번역과 관련지어서는 별로 검토된 바가 없는 것으로 보인다. 그러나 이들은 번역비평의 번역해석학적 · 번역수

51 Vigneault(1999: 187) 참고.

사학적 접근의 불가피성을 잘 보여 주는 주요 원리들이다.

사실, 우선 저자가 '현지'를—자신이 무슨 말을 하고 싶은 건지—정확히 알고 있다는 보장이 없고, 또한 아무리 저자가 그의 '지도'를 '현지'에 가깝도록 그려 내려 했어도 그 지도는 현지가 아니며, 저자가 자신이 그려 내려 한 것을 제대로 혹은 충분히 그려 냈는가도 실은 불확실하다. 더구나 텍스트라는 지도는 매우 복잡하면서 고도로 추상적인 지도인 만큼, 그 지도를 통해 그것이 그려 내려 한 '현지'나 '현실'을 지도를 보는 사람이 안다는 것, 이해한다는 것에는 한계가 있을 수밖에 없다. 또한 그 지도가 첫 지도이고 유일한 지도라 할지라도, 저자가 그려 내려 한 '현지'의 가능한 유일한 '지도'라는 보장도 없다.[52] 이는 번역에서 '원본'이 아무리 중요하다 할지라도 원본의 '신성시'에는 문제가 있음을 시사하는 것이다.

물론 지도에는 지도로서의 중요성이 있다. 우리가 지도의 '시니피앙'으로부터 출발하지 않는다면 무엇을 근거로 해서 그것이 표상하는 현실을 알 수 있겠는가? 더구나 저자의 지도가 현지의 모든 것을 다 그려 낸 것이 아니라면, 경우에 따라서는 우리가 텍스트의 낱말 하나하나를 제문론적으로 따져, 어떤 물음들에 대한 결과로 저자가 이런저런 낱말의 선택에 이르렀는지 그 과정을 되짚어 보아야 하지 않겠는가? 이렇게 되짚어 보아도 인문학 텍스트들, 특히 난해하다는 텍스트들의 경우에는 우리가 도달할 수

---

52 Hewson(2004: 126-127) 참고.

있는 결과는 하나의 가능성, 하나의 그럼직한, 다른 것보다 더 그럼직한 결과일 뿐, 유일하거나 절대적인 것은 결코 될 수가 없다. 문학번역이 일종의 문학비평이어야 하듯이, 인문학번역도 인문학적이어야 하며 묵시적 인문학비평이 되어야 할 것이다.[53]

메이에르(2006)는 '수사'를 '주어진 문제에 대한 거리 교섭'으로 정의하며, 수사를 불확실한 상황, 그럴 법한 상황, 개연적 상황에서, 결정의 합리적 절차의 문제라 말하는데, '거리'가 좁혀지는 과정은 이해가 커지는 과정으로 이해할 수 있다. 이러한 수사의 다양한 측면을 탐구하는 '수사학'은 번역비평, 번역학, 번역인문학을 가로지르고 아우르는 방법론적 근거가 될 터인데, 이러한 수사학은 해석학과 불가분의 관계에 있으며, 이들의 동시적 고려는 번역인문학과 번역비평에 새로운 전망을 가능하게 할 수 있다. 가다머 이래로 현대 해석학은 의미의 '비결정성'을 강조하고 있는데,[54] 원문 텍스트 의미의 이러한 '비결정성'은 인문학번역에도 중요한 의미가 있다.[55] 인문학번역은 말하자면 이미 결정되어 있는 원어의 의미를 단지 전달만 하는 것이 아니라 인문학 텍

53 신정근(2001:238): "해석학Hermeneutics이 성서의 해석에 전개되어 나왔듯이 유학 '경전'의 해석학이 이제 태동되어야 하지 않을까? 그렇지 않으면《장자》〈천도天道〉에 나오는 편(輪扁)이라는 목수가 70이 되어도 수레바퀴 만드는 일을 자식에게 전수해 줄 수 없듯이, 700년의 두 배인 1400년이 지나도 사계의 고수가 여전히 '신-완-역'의《맹자》를 다시 내야 할 터이다."

54 Li(2004: 28) 참고.

55 Brown(1992: 220) 참고.

스트 읽기를 통해 그 의미 해석에 적극적으로 동참하는 것이기 때문이다.

슈타이너(1975)는 원텍스트의 의미를 목표 텍스트에 복제하는 것은 번역자의 해석과 독자의 목표 텍스트의 해석으로 인해 전적으로 불가능함을 이미 천명한 바 있다.[56] 이선관(2003:200)은 슐라이어마허의 해석이론의 특성이 '오해'의 개념을 보편화한 데에 있다고 말한다. 이해의 난점이나 오해란 자명한 이해의 과정에서 '때때로 일어날 수 있는 계기'가 아니라, '말'과 작품의 해석상 '불가결한 계기'라는 것이다.[57] 바로 이로 인해 슐라이어마허가 '말'이나 작품의 이해가 그 첫 출발부터 언제나 '이해의 불확실성'을 내포하고 있다는 것을 '해석학의 기본적 상황'으로 설정한 것인데,[58] 이러한 상황은 인문학번역에서 두드러진다. 그렇기 때문에 인문학번역자는 자신(혹은 타인)의 '선이해'와 '선입견'을 기본적으로 인정하고, 그리고 그 때문에라도, 원본의 깊은 의미의 이해에 정성을 보다 많이 기울여야 할 필요가 있는 것이다.[59] 이러한

56 Li(2004:28).

57 Wilhelm(2004:770) 참고.

58 이선관(2003:200): "이렇게 끊임없는 오해의 가능성으로부터 출발하는 '해석의 보다 엄밀한 실천'의 과제는 사실상 '말'(또는 작품)을 화자(혹은 작가)보다 더 잘 이해하려는 데에 있다. 따라서 슐라이어마허에게 있어서 '이해'란 '보다 더 잘 이해함'이라는 이념적 요구에 따라 부단히 진행하는 변증법적 과정이라고 할 수 있다. 그런 한, 해석자의 노력은 '일종의 무한한 과제'로 특징지어지며, 이것은 화자(혹은 작가)의 '언어와 결합방식'이 청자(혹은 독자)의 그것과 동일할 수 없다는 데에 근거하고 있다."

상황에서는 번역 결과가 번역자에 따라 크게 달라진다는 것이 전혀 놀라운 일이 아니다.

번역자의 해석은 시니피앙의 '이중 기능'으로 이해되는 '제한'과 '차별'[60]이 허용하는 한—번역의 목적, 대상, 여건 등에 따라 다르기는 하나—다양해질 수 있다. 그러나 물론 모두 다 동일하게 설득력이 있는 것은 아니다. 번역자의 적극적인 인문학적 역할은 그래서 중요한 것이다. 프랜스(2000b:267-268)도 중요한 것은 번역의 '정확한' 방법에 대한 헛된 논의를 계속하는 것이 아니라, 번역자가, 연설자와 마찬가지로, 주제와 청중 사이에서 '교섭negociating'하여 상황에 적절한 수사를 찾아내는 것이라 말한다.[61] 이는 여러 번역학자들이 번역을 설명하기 위해 사용하는 의사결정decision-making[62] 혹은 문제해결problem solving[63]의 과정이기도 하다.

인문학번역이 번역인문학으로 나아갈 수 있는 것도 바로 이러한 번역의 해석(학)적 속성 덕분이다.[64] 정준영(2001:54)은 번역

---

59 Li(2004: 29) 참고.

60 Chevalier(1996: 87)가 말하는 "la double fonction du signifiant: limitative et différenciatrice"이다.

61 France(2000b: 267-268).

62 번역을 부단한 '의사결정decision-making'의 과정으로 보는 Gile(2002)이나, 번역에 대해 직설적 의미나 비유적 의미의 '교섭négociation'(혹은 협상)을 말하는 라보(2002)나 둘 다 번역에 대한 수사적 관점을 나타내고 있다.

63 Stolze(2004: 39) 참고.

64 에지트의 의미이론은 번역을 이중 해석의 과정으로 설명하고 있는 만큼 해석을 중요하게 생각하고 있는 것은 분명하다. 그러나 이 해석의 구체적 과정은 설명하지 않고 있다.

작업이 '그저 언어적 차원에 한정되는 것이 아니'라, 번역 작업을 통해 '서로 다른 두 전통 간의 치열하고도 미묘한 만남이 이루어'지는 것이기에 '번역은 이미 그 자체로 인문학적 탐구의 성격을 가진다'고 본다.[65] 이 인문학적 탐구는 번역자의 문제의식, 문제제기에 따라 그 결과가 열등할 수도, 거의 동등할 수도, 그리고 상당히 드물기는 해도, 원전보다 번역이 낫다는 보들레르의 에드가 포 번역 같은 경지에도 이를 수 있다. 우즈워스(1988:123)는 보들레르에게 포의 번역이 하나의 '강박관념'이었으며 일종의 종교적 '사명' 같은 것이었다고 우리를 일깨운다. 그는 보들레르의 포 번역이 번역자와 원저자의 관계가 특별히 가까워야 하는, 친근성을 느끼고 사랑하며 존경하기에 열정과 열의를 가지고 헌신적으로 번역을 해야 하는 문학번역의 하나의 전범으로 본다(124). 이러한 보들레르의 포 번역을 인문학번역의 관점에서 깊이 성찰한다면 번역인문학적인 수확이 적지 않을 것이다.[66]

발라체스쿠/쉬테파닌크(2005:636-637)는 번역해석학자들이 종국에 '지평의 융합'에 이르러 수신자와 텍스트의 진실이 하나

---

65 정준영(2001: 54): "따라서 훌륭한 번역물들이 쏟아져 나올 때, 우리는 우리의 삶의 배경에 놓여 있는 역사적 조건과 철학적 의미를 이해하게 되며, 이를 통해 좀더 확장된 인문학적 탐구를 할 수 있는 기반이 닦이게 된다고 할 수 있을 것이다. 더 나아가 이와 같은 번역 작업을 통해 서양 고전과 동양 고전을 비교하고, 그것의 질적인 면면을 속속들이 이해하게 될 때, 우리는 그러한 차이를 지각함으로써 우리 나름의 인문학적 문제의식이 형성되는 것을 기대할 수도 있을 것이다."

66 Faber(1989) 참고.

가 된다는 가다머의 텍스트와 대화로서의 이해행위 개념을 수용하기에,[67] 번역자를 더 이상 원텍스트와 번역 텍스트 '사이'의 중계자나 의미의 '이송자'로 보지 않는다고 말한다. 또한 이들은 번역된 의미는 수신자/번역자의 개인적 체험과 함수관계에 있기 때문에, 번역에서 객관성에 도달한다는 것, 나아가 '저자의 말하고자 하는 바'를 되찾는 것은 헛된 일이라 말한다. 번역자는 그가 이해한 것, 즉 그의 머릿속에 있는 것을 번역할 수 있을 뿐이라는 것이다. 이들은 이렇게 의미가 텍스트 속에 '있는' 것이 아니라 텍스트와 수신자 사이의 대화에 의해 구축되는 것이기에 텍스트를 자신의 체험, 지식에 의거하여 이해할 수밖에 없는 것으로, 그래서 번역자는 '해석의 원' 혹은 '해석학적 원'이라는 나선형의 상승 곡선을 끊임없이 그려야 하는 것으로 이해한다.[68] 이는 인문학번역의 해석학적 성격이 어떠해야 하는가를 그대로 보여 주는 것이라 말할 수 있다. 그렇지만 인문학번역에서 '진정으로' '지평의 융합'이 일어나는 경우가 과연 있을까? 실제로 그러한 일이 일어난다 해도 그것은 매우 드문 일이 아닐까? 인문학번역에서 '지평의 융합'이 하나의 이상적 '기대 지평horizon d'attente'에 지나지 않는다 해도, 그것은 바로 번역인문학의 무한한 추진 동력은 될지언정 좌절의 구실은 될 수 없다.

확실성이 주요 문제인 논리학과 달리 해석학, 수사학 모두 개

---

67 Stolze(2004: 42).

68 Balacescu/Stefanink(2005: 635).

연성, 가능성을 주로 다룬다는 점에서 해석학과 수사학은 번역학과 그 친근성이 크다. 최성환(2006:66)은 '이성의 유한성과 한계에 대한 자각이 바로 해석학과 수사학의 존재 기반'이라고 말한다.[69] 아벨(2000:15)은 '일반적으로 해석학은 하나의 좋은 답이 있다는 것, 모든 걸 설명할 수 있는 하나의 이론이 있다는 데에 회의적'이라 말한다. 그는 이러한 '과학성과 합리성의 층위의 다수성에 대한 변론을 인간사들에서 수사학의 입장에 대한 변론'으로 본다. 번역비평 역시 판결이나 언도 같은 것이 아니라 우선적으로 번역의 '번역론'(혹은 번역태도)의 세심한 읽기가 되어야 할 것이고, 이러한 읽기는 해석의 과정이자 수사(거리 교섭)의 과정이라는 점에서, 그리고 이러한 읽기로부터 번역의 문제들에 대한 진단과 처방이 비롯되어야 한다는 점에서도, 번역과 번역비평에 수사학적으로 진단을 하고 처방을 하는 '임상수사학'적 접근이 필요하다. 번역 자체도 의미와 해석 등이 불확실한 상황에서 부단한 선택과 결정의 논리가 작용한다는 점에서 수사(학)적이지만, 이러한 번역을 분석하고 평가해야 하는 번역비평 역시 불확

69 최성환(2006: 74): "해석학과 수사학의 기본정신은 우리의 유한한 정신으로부터 그 누구도 '진리' 또는 궁극적이고도 단정적이며, 보편적으로 구속적인 근거를 소유할 수 없다는 것이다. 이러한 이성의 근본상황은 비판적인 관점에서 항상 자신의 주장을 제한하게끔 하고, 동시에 다른 사람들의 주장과 견해를 경청하게끔 만든다. '이해와 표현의 변증법'은 서로의 차별성, 고유성, 상이성을 인정하면서 다른 낯선 지평과 대화를 시도함으로써 모두가 호혜적인 자유의 위상을 나타낸다."

실한 상황에서 다양한 요소들을 고려하여 선택을 하고 결정을 해야 한다는 점에서 수사(학)적일 수밖에 없다.[70]

### '잘된' 번역과 번역글쓰기

메이에르(1979)는 학문 자체를 하나의 '문답과정'으로 본다. 번역비평도 번역의 다양한 측면들에 대해 끊임없이 물음을 제기하며 그에 대해 나름대로 답하는 과정이라 볼 수 있다. 번역행위는 번역이란 무엇인가 하는 질문에 대한 부단한 의식적 혹은 무의식적 문답과정의 존재를 전제하므로, 우리가 어떤 번역의 분석을 통해 번역론이나 번역태도를 읽어 낸다는 것은 번역자의 묵시적 혹은 명시적 문제가 무엇이었고, 그 답은 어떤 것이었나 탐색하는 것이 된다. 질(1995)이 말하는 번역의 '비판적 읽기' 역시 상당 부분이 이러한 번역비평적 '문답과정'의 반복으로 이루어져 있으므로, 올바른 번역비평을 위해서는 이 비판적 읽기에 능숙해질 필요가 있다. 그는 학문에서 가장 특징적인 것 중 하나가 바로 그 비판적 측면인데, 이 '비판적 읽기'를 '공격적'인 것으로가 아니라 '분석적이고 건설적인' 것으로 받아들여야 한다고 충고한다. 이러한 '비판적 읽기'는 우리들 자신의 번역에도 적용될 수 있어야 할 것이다. 그의 여러 지적 중 잘 새겨들어야 할 것 하나는 '저자가 목적하는 바가 정확히 무엇인가 살펴야 한다'는 것이다. 비평자나 독자들이 번역을 저자의 관점이 아니라 자신의 관점에 사

---

70 Bautier(1994: 108) 참고.

로잡혀 비판하는 경우가 흔하기 때문이다.

어떤 번역이 '잘된' 번역이냐 혹은 적절한 번역이냐 하는 것은 우선적으로 번역비평자가 제기하는 문제가 무엇인가에 달려 있다. 셀레스코비치의 관점에서 '잘된' 번역이 메쇼닉의 관점에서는 '잘못된' 번역일 수 있으며, 베르만의 관점에서는 '이국성'의 부정이 '나쁜' 번역의 결정적 기준이 되나, 대부분의 에지트 '의미이론' 학자들은 이에 공감하지 않는다.[71] 또한 '규범'에 관심을 갖는가 텍스트의 '장르'에 관심을 갖는가에 따라 번역비평의 결과도 동일하지 않다.[72] 또한 번역의 어떤 측면에 관심을 갖느냐, 어떤 것을 문제삼느냐에 따라 매우 다양한 번역비평 담론이 나타날 수 있다. 프랜스(2000a:7)가 번역비평의 최고봉으로 꼽는 A. 베르만(1995)의 《번역비평을 위하여》[73]는 번역비평이 없이는 번역자들이 무사안일과 무책임감 속에 안주할 것이라며 경종을 울린 바 있다. 이제 인문학번역에서도 의식의 전환의 절실히 필요하다. 번역비평은 오역풍토라는 '고질병'의 진단과 처방의 방법이 될 수 있고, 번역인문학은 번역비평을 통해 우리의 인문학에 하나의 활로를 열기 위한 계기가 될 수 있다. 어쩌면 번역인문학은 인문학의 체질 개선을 위한 하나의 처방책이 될 수도 있을 것

---

71 그러나 에지트인들 중 드문 문학번역 연구자의 한 사람인 Israël(1991)은 '이국성'의 적극적 유지를 지지하는 입장을 보이고 있다.

72 전자에서는 Toury(1995)가, 후자에서는 Reiss(2002)가 대표적이다.

73 Simon(1995: 283) 참고.

으로 기대된다.

쉬톨제(2004:41)는 '우리의 이해는 우리가 아는 것에 달린 것'인데도 불구하고, '이국화foreignization'과 '자국화domestication'을 둘러싼 온갖 번역학상의 논란[74]이 텍스트의 전언 포착의 바탕이 되는 번역자의 '지식 기반'이라는 일차적인 문제를 소홀히 하고 있다고 비판한다. 김효중(2004:86)도 '텍스트 이해의 정도는 번역자의 이해 능력과 사회 · 문화적 배경지식에 의거한다. 즉 번역의 질은 번역자의 텍스트 이해 능력에 비례한다'며 이와 유사한 견해를 표명한다. 사실, 인문학번역이 '낯익은' 번역만을 목표로 한다면, 그러한 번역은 다람쥐 쳇바퀴 도는 식을 크게 벗어나기 어렵다. 그렇다고 해서 인문학번역이 낯설기만 하면 되는가? 방법은 문제와 별개의 것이 아니다. 말로우(2004)가 성경번역에서의 나이다의 '역동적 등가' 개념에 이의를 제기하며, 다른 낱말과 대비되는 한 낱말 자체 의미의 중요성, 그 낱말이 나타나는 직간접

---

74 정혜용(2006a: 240): "번역사를 대충 훑어보아도, 번역에 관한 이론적 성찰들이 번역의 근본적인 두 가지 가능태를 중심으로 대립하는 경향을 보이고 있음을 알 수 있다. 우리에게 비교적 잘 알려진 몇 가지 예를 들자면, 슐라이어마허의 경우, 〈다양한 번역 방법들〉이라는 글에서, '될 수 있는 한 작가를 귀찮게 하지 말고 독자가 작가를 만나러 가게 할 것인가, 아니면 독자를 귀찮게 하지 말고 작가가 독자를 만나러 가게 할 것인가'라는 양자택일로 두 가지 가능태를 간단명료하게 제시했으며, 《부정하나 아름다운 그녀들》의 저자인 무냉은 '채색유리'와 '투명유리'라는 두 가지 비유를 빌려 표현하였고, 라드미랄 역시 '원천 중심 번역'과 '목표 중심 번역'이라는 용어를 유행시키면서 번역의 두 가지 근본적인 가능태를 이야기하였다."

맥락들과의 상호텍스트성 고려의 필요성을 십분 강조한 것은 충분히 일리가 있다.[75]

김효중(2004:90)은 '해석학적 번역이론은 너무나 일반적이고 이론적일 뿐만 아니라 주관적이어서 해석학적 번역모델에는 정확한 판단기준, 즉 과학적으로 확고한 입증방법이 없기 때문에 학자들은 이러한 해석방법을 보다 더 정확하고 효과적으로 만들기 위해서 언어학적 범주를 원용했다'고 쉬톨제(1994:196-206)를 요약해 말하며, 그의 주제, 의미론, 어휘론, 화용론, 문체론 범주들을 그 예로 든 바 있다. 이는 일견 번역자가 텍스트의 시니피앙들을 충분히 존중하면서—즉 그것들이 허용하는 한도 내에서—나름대로 다양한 변별적 의미들을 탐색하는 수사적 · 해석적 과정과 크게 다르지 않은 것으로 보이나, 번역자의 해석 역할에 대한 시각의 차이는 분명하다.

리쾨르(2006:115-116)는 '좋은(잘된) 번역'에 대한 '절대적 기준'은 존재하지 않는다고 단언한다. '그러한 기준을 마련하기 위해서는 원문에서 번역문으로 전달되어야 할 의미와 동일한 의미를 가진 제3의 텍스트를 기준으로 원문과 번역문을 비교해 보고 원문과 번역문이 같은 말을 하고 있는지를 확인해야' 하는데, 그러한 '제3'의 텍스트는 존재하지 않는다는 것이다. '좋은 번역은 원문과 등가'라고 '추정되는 번역, 즉 추정된 등가성을 말하는 것이지, 원문과 번역문의 의미상의 동일성을 증명해서 좋은 번역이

75 Marlowe(2004:7) 참고.

라고 말하는 것은 불가능'하며, 따라서 '좋은 번역이란 동일성이 없는 등가성일 뿐'이라는 것이다. 그래서 리쾨르에게 하나의 번역에 대한 유일한 비평은 '기존의 번역보다 더 낫거나 혹은 다르다고 표방되는 또 하나의 추정된 번역을 제시하는 길뿐'이다. 그리고 '이것이 바로 전문 번역자들 사이에서 일어나고 있는 현상'이라는 것이다.

이러한 번역해석학적 입장에서 보면, 인문학번역에서 '정독', '정해', '정역'[76]이라는 말도, 이들이 유일한 읽기, 유일한 이해, 유일한 번역을 뜻하는 것이라면 하기가 어려울 것이다. 이와 관련하여, 정과리(1999:688)는 '정확한 이해'가 '번역의 기본 덕목'이기는 하나 '도달해야 할 정상은 아니'라고 잘라 말한다. '그 정상은 두말할 것도 없이 번역자(의 나라)와 저자(의 나라)의 생산적 대화'인데, '이 대화가 가능하기 위해서는 지피知彼와 지기知己가 동시에 충족되어야 하며, 그 위에 타자와 자신의 차이를 분명하게 잴 줄을 알아야 한다'는 것이다. 그리고 '그 측정을 통해 타자의 수용이 나의 변화를 유발하고 나의 변화가 타자의 객관화로 돌려져야 하며, 그럼으로써 마침내 번역이 원본에 대한 일종의 비평적 발언이 될 수 있어야 한다'는 주장을 하는 그는, 정명환의

76 신정근(1998: 284): "지금까지의 논의를 통해서 필자는《논어》라는 특정 문헌을 번역, 해석할 때 다양한 분야 즉 역사학, 문학, 사회학, 철학 등의 연구 성과를 종합할 때 '오독誤讀'과 '오해誤解'를 피하고 '정독精讀'과 '정해精解'에 다가갈 수 있다고 생각한다."

《문학이란 무엇인가》의 재번역을 그러한 비평적 도약을 위한 첫 시도 중 하나로 추천하기에 주저하지 않는다.[77] 이러한 비평적 도약을 위해서는 앞선 연구들의 성과가 십분 반영되어야 함은 두말할 나위가 없다. 이러한 노력이 축적되다 보면 번역인문학의 성과가 진정한 의미의 '연구번역'을 통해 나타나는 것을 보는 것은 앞으로는 결코 드문 일이 아닐 것이다.[78]

번역의 해석학적 이해가 '절대적 등가성'을 허용하지 않는다면, 번역의 '충실성'이나 '반역'도 '자유'와 '제한' 혹은 번역자의

---

77 정과리(1999: 689): "이 책은 '번역飜譯'의 바른 뜻을 세운 책이기도 하다. 번역은 단순히 옮기기가 아니다. 번역은 내용을 정확히 옮기고, 풍경을 재현하며, 그 풍경을 다시 살아 있는 인간들의 대화로 생동시킨다. 번역을 통해 책은 다른 시 · 공간에서 다시 태어난다. 그 책은 원저자의 '그때의 책'이 아니라, 저자와 역자가 합동으로 이룬 '오늘의 책'이다."

78 김시천(2004b: 95): "《중국의 '자유' 전통》은 단순한 번역서라기보다는 역자의 제2창작물로 간주해도 무방할 정도이다. 우선 체제상으로 역자는 18쪽에 달하는(221-238쪽) 상당히 많은 역자주를 첨가하고 있다. 그런데 이 역자주의 성격이 저술을 번역하는 과정에서 참고하기 위한 논의에 그치는 것이 아니라, 원저자의 서술에서 맥락이 불분명하거나 독자가 이해하기 어려운 생략된 배경에 대한 친절한 해설이 추가되는 것은 물론 관련된 내용을 이해하거나 비판적으로 검토하는 데 필요한 중국, 일본, 한국의 다양한 저술이 소개되고 있다. 또한 국내에 번역본이 있는 경우에는 철저하게 그 서지 사항을 밝혀 줌으로써 그 자체가 하나의 '책 속의 책' 구실을 한다. 이어지는 〈옮긴이의 말〉(239-245쪽)에서는 저자가 취한 방법론에 대한 해설, 저자의 학적 입장, 그리고 저자의 입장이 현대 학술계에서 차지하는 위상이나 의미, 가치, 한계까지 논의하고 있음은 물론 저술과 관련된 학계의 다양한 논의에 대한 서지 사항까지 친절하게 제시하고 있다. 표정훈의 작업은 한국 학계의 현주소가 얼마나 성장하였는지를 보여 주는 뿌듯함을 느끼게까지 한다."

'권리'와 '의무', 또는 저자의 의도나 텍스트 의미의 '존중' 등 보다 중립적인 표현으로 대치되는 것이 바람직할 것이다. 이스라엘(2002:91)은 동일성, 이타성, 등가성을 상호배타적인 개념이라기보다는 연대적인 개념으로 본다. 동일성과 이타성, 등가성은 번역 과정에서 내밀하게 얽혀 있는데, 이러한 상반 관계를 해소하고, 같은 것과 다른 것 같의 상치된 힘을 중재하는 개념이 바로 '등가'라는 것이다.[79] 휴손(2004:132)은 '잘된' 문학번역은 '원천 지향적'도 '목표 지향적'도 아니며, 번역자의 '복권'을 통한 '창조적 글쓰기'가 되어야 할 것이라 천명한 바 있다. 이는 '충실성'과 '재창조'가 서로 대립된 개념이 아니라 '충실성이 재창조의 선행조건'이라는 유안(1999:73)의 견해와 맥을 같이 하는 것이다. 후자는 번역자가 원텍스트에 대해 취하는 태도로 우월/동등/열등의 세 가지를 꼽으며, 대부분의 번역자들이 '충실성'의 이름으로 열등한 태도를 수용한다고 비판한다. 혹 이러한 태도가 대부분의 우리 인문학번역의 태도가 아니었던가? 일견 역설적으로 보이는 유안(1999:76)이 주장하는 '충실성 속에서의 재창조'는 번역인문학적으로 충분히 음미할 가치가 있다.

이스라엘(2002:91-92)도 번역이 '무엇보다도 커뮤니케이션 행위이자 글쓰기 행위'라고 강조한 바 있지만, 우리는 인문학번역

79 르드레르(2001)는 '모든 번역에는 대응관계들(문자에 대한 충실성)과 등가관계들(문자로부터의 자유)이 교차되어 나타나기 마련'이라고 말한다. 한 가지가 전적으로 적용되는 경우는 거의 없다는 것이다.

역시 하나의 소통의 노력이며, 따라서 소통의 수사적 맥락 속에 놓인다는 사실, 그리고 그 결과는 어떤 형식이든 번역글쓰기를 통해 나타날 수밖에 없다는 사실을 간과해서는 안 될 것이다.[80] 거의 대부분의 인문학번역에서는, 위에서 보았듯이, 해석이라는 것 자체가 근본적으로 매우 불확실하며, 증명의 대상도 되지 않는다. 우리는 다만 변별적 의미들의 탐색과 재현에 대한 수사적 설득과 공감을 통해 원저자와 번역자, 번역자와 독자 혹은 원저자와 번역 독자 사이의 거리를 좁히는, 나아가 '지평의 융합'을 이루려는 해석학적 노력, 번역의 비평적 읽기와 번역글쓰기의 노력을 부단히 할 수 있을 뿐이다. 이러한 읽기와 글쓰기 역시 수사학적 · 해석학적 작업이 될 수밖에 없다.

'생산적' 번역비평의 구축을 위해서는, 언어의 제문론과 같은 언어에 대한 새로운 인식과 더불어, 생산적 번역문법에 대한 각성 외에도 현대적 해석학과 수사학을 번역의 관점에서 재인식하는 것이 필요하다.[81] 잘못된 읽기가 자신의 언어나 문화의 투영으로 인한 것일 경우들이 많다는 사실은[82] 우리가 번역 시 번역문법

---

80 Yuan(1999: 74) 참고.

81 수사학과 해석학의 관계를 표현과 해석의 관계로 이해하는 김창래(2001)는 양자의 관계를 '상호귀속성'으로 규정하기도 한다. '표현과 이해라는 인간의 언어 행위의 가장 기본적인 두 요소가 바로 수사학과 해석학에 의해 대표된다', '수사학의 주 영역이 표현이라면 해석학은 이해에 초점을 맞춘다'는 최성환(2006)은 '이해와 표현의 변증법'을 말한다.

82 Kadhim Khalaf(2005) 참고.

에 보다 깊이 유의할 필요가 있으며, 특히 번역비평가는 원천 언어와 문화, 목표 언어와 문화 모두에 '전문가'가 되어야 함을 시사한다. 번역비평가는 또한 언어학, 문학, 철학, 역사 등 인문학 전반에 대해 폭넓은 지식을 갖추되,[83] 비평이 번역보다 반드시 옳거나 낫다는 보장도 없다는 점을 늘 염두에 두어야 할 것이다. 번역비평가는 섣부른 번역 비판을 하기에 앞서, 번역자의 번역에 대한 '선이해'와 '선입견' 등을 비롯한 다양한 요소들을 두루 고려하면서도—적어도 자신의 목표가 해석학적 '수사학적 대화'[84]를 통한 인문학의 발전이라는 테두리를 벗어나지 않는다면—비평적 소통 자체가 번역자와 비평자 사이의 거리를 좁히는 방식으로 이루어지도록, 나아가 자신들의 비평적 소통이 우리의 번역문화 창달에 일조가 되도록 노력해야 할 것이다.[85]

83 박경일(2003: 16-17): "전문 지식의 부족은 텍스트 읽기를 근원적으로 왜곡시킬 수 있다. 전문 번역가는 모든 경우에 대비하여 다방면의 전문지식을 구비할 필요가 있다. 예컨대, 관념주의 철학자 출신의 시인-비평가 엘리엇을 논의하는 글에서 'realism'(실재론)을 '사실주의'로, 'idealism'(관념론)을 '이상주의'로 번역하는 것은 때로 치명적인 오역이 될 수 있다. 고급의 번역 작업은 출전 텍스트를 축자적으로literally 표적 언어로 옮기는 단순 작업에서 끝나지 않는다. 번역의 핵심은 정확한 텍스트 읽기이다."

84 마넬리(2006: 64): "수사학적 대화의 목적은, 하나의 끝없는 토론(그것이 비록 교화적인 것이라 할지라도)일 뿐만 아니라 이성적인 선택이자 결정인 것이다. 이러한 실천적 목표를 달성하기 위하여, 수사학적 대화는 무한한 변증법적 심연과 다양한 양상들에 대해 일시적인 제약을 가해야 한다. 즉 예비적 결과를 수용할 것이 권장되며 또한 실제적 적용을 보여 주어야 한다."

85 김인환(2006)은 '번역이란 무엇인가라는 질문이 없는 자기과시적 번역

**에필로그**

번역인문학은 번역비평을 통해 '위기의 인문학'과 '척박한 번역문화'를 동시에 상호적으로 극복할 수 있는 하나의 방안일 뿐 아니라 우리 나름의 인문학을 하는 하나의 방향이 될 수 있다. 디 스테파노(1982:242)는 문학번역을 '본질적으로 하나의 문학비평행위'로 보았는데, 인문학번역 역시 내재적으로 인문학비평이 되어야 할 것이다. 번역비평을 통한 번역인문학의 발전에 다수의 연구자가 뜻을 같이 한다면, 번역인문학은 학제적 연구로도 부상할 수 있을 것이다. 하나의 번역은 나름대로 읽은 대로의, 이해한 대로의 결과이다. 현재 한국의 번역비평의 주종을 이루고 있는 '오류 비평'도 일종의 '번역 읽기' 나아가 '번역론' 읽기이나, 고압적 자세의 비판이나 비난이 두드러질 뿐 대안 제시는 하지 못하는 경우가 빈번하다. 이와 달리, 번역해석학적 · 번역수사학적 이해에 기초한 '생산적' 번역문법은 '생산적' 번역비평을 위한 기반의 역할을 할 수 있다. 윤상인(2001)은 '생산적 비평 행위'를 위한 지향점으로 '백낙일고伯樂一顧의 경지'를 제시하며, 기대하는 '좋은 번역'의 조건으로 '신뢰할 수 있는 만큼의 숙련된 기능과 사려분별'을 내세우는데,[86] '생산적' 번역문법이 체득되지 않고는 어려운

---

비평은 평자의 독단적 해석을 드러낼 뿐'이며, '번역비평은 어디까지나 더 좋은 번역을 위한 이의제기가 되어야 한다'고 지적한다.

86 윤상인(2001): "따지고 보면 그간 번역에 대한 비평이 없었던 것은 아니다. 오역 사례를 집어내어 '그건 말도 안 돼. 이렇게 해야지(아—한심한지고)' 하는 투로 점잖게 훈계하거나, 비분강개(사계의 대가마저 이러시다니!)하며

일이다.

'무엇을, 어떻게, 왜' 번역하는가라는 문제의식이 우선시되기보다 번역이 대체로 시장의 논리에 맡겨져 있는 우리의 번역 현실[87]을 탈피하는 첫걸음은 무엇보다도 인문학번역 참여자들의 번역에 대한 의식 변화이며, 문제의식의 '공유'이다. 언어를 제기된 물음들과 그에 대한 답들로 무한히 얽혀 있는 것으로, 그리고 제문론과 해석학을 '동일성과 차이들을 절대화하는 것이 아니라 이들을 조화롭게 하려는 것으로 이해'하는 로비타이유(2005)는 '질문의 공유'의 중요성을 강조한다. 이 '질문 윤리'의 핵심은 '상상 게임'이다. 내 생각을 상대에게 '투사'하는 것이 아니라 '상대의 관점'을 경청할 가치가 있는 가능한 해석의 하나로 보기 위해 상대의 입장에 서는 '상상 게임'을 부단히 하는 것이다.[88] 개인의 설득에 초점이 맞추어져 있는 '입자적 수사학'보다, 공동선을 우선으로 하는 이러한 '파동수사학'적인 노력은 곧 번역인문학이

---

도덕주의를 제창하는 번역비평은 이미 익숙하다. 그러나 번역비평의 정도正道는 오답 찾기에 있는 것은 아닐 것이다. 훌륭하다고 여겨지는 번역 사례를 제시한 뒤, 왜 훌륭한지에 대해 성실하고 소상히 밝히는 것이야말로 생산적 비평행위에 속한다. 그런 의미에서 번역비평의 지향점은 무엇보다도 백낙일고伯樂一顧의 경지가 아니겠는가. 번역 과정에서 봉착하는 난제와 고민을 독자에게까지 떠넘기지 않는 것이 해결사의 미학이다. 번역자에게 천재성을 요구하지는 않는다. 신뢰할 수 있는 만큼의 숙련된 기능과 사려분별이 있으면 좋은 번역의 조건을 갖춘 셈이다. 한데, 순서로 따지자면 명마 찾기에 나서기 전에 백낙 찾기부터 해야 하는 것 아니던가?"

87 윤지관(2001b: 46).

88 Robitaille(2005) 참고.

꽃피기 위한 좋은 터전 마련을 위한 노력에 다름 아니다.[89]

형태와 의미에 대한 수사적 '의미 교섭'이라는 '문제 해결' 혹은 '의사 결정' 과정이 의식적 무의식적으로 부단히 이루어지는 번역에 대한 비평을 위해서는 무엇보다 번역할 텍스트 자체가 자체의 '표지marques' 혹은 '지표indices'라는 언어학적 사실이 번역문법적으로, 번역비평적으로 충분히 고려되어야 한다.[90] 번역이 번역자의 '화행'을 거치지 않고는 이루어질 수 없으므로 그 '흔적'이 번역에 남기 마련이라는 것을 인문학번역에서는 충분히 유념해야 한다는 것이다.[91] 오늘의 번역학, 해석학, 수사학 연구들은 번역비평이 번역인문학을 옹호하고 선양하는 방향으로 이루어질 수 있는 적지 않은 연구 자료들을 제시하고 있다. 원효의 '화쟁사상'[92]을 비롯한 고전 사상들도 번역비평을 통한 번역인문학의 구축에 의미 있는 기여를 할 수 있을 것이다. 정성과 성실이라는 덕목의 중요성을 강조한 《중용中庸》의 '비성무물非誠無物'이란 말도 번역과 관련지어 곱씹어 볼 필요가 있다.[93] 이제 우리의 '번역 문

---

89 전성기(2006b) 참고.

90 Broda(1999: 45) 참고.

91 Folkart(1991) 참고.

92 오강남(1987), 김상현(1995), 이도흠(1999), 고영섭(2004) 참고.

93 표정훈은 〈궁리의 글〉에 실린 "비성무물非誠無物"에서 '번역자의 제일의 덕목'은 '역지사지易地思之의 태도', 그 다음은 '보고 또 보고'이고, 마지막 덕목은 '절문切問', 즉 '간절한 질문'의 태도인데, '이상의 덕목은 결국 성실誠實이라는 덕목으로 수렴된다'고 정리한다: "'중용中庸'은 이렇게 말한다. 성이란 모든 것의 처음이며 끝이니, 성실하지 못하면 이 모든 것이 불가능하다(誠者, 物之終

화文化'가 '번역 문화文禍'의 소용돌이를 벗어나, 새로운 번역글쓰기에 대한 성찰과 실천을 통해, 진정한 의미의 번역인문학적 '번역 문화紋和'를 이룰 수 있도록 하는 것은 우리 인문학자들에게 남겨진 몫이다. 번역비평을 통한 번역인문학 연구는 이제 '새로운 번역시대'를 열어가야 할 것이다.

---

始, 不誠無物). 요컨대, 성실함이야말로 번역의 처음이며 끝이니, 성실하지 못하면 좋은 번역이란 없다."

# Ⅳ. 인문학번역과 번역문법

**프롤로그**

인문학은 주제 면에서 언어 · 문학 · 철학 · 역사 · 학예 등 인간과 인류문화에 관한 학문이라 말할 수 있는데, 그 경계가 아주 분명한 것은 아니다. 이른바 자연과학 담론에도 인문학적 담론이 포함되어 있을 수 있다. 하지만 인문학은 내용 면에서 상대적으로 '다양한 읽기', '성찰의 읽기', '해석적 읽기'의 필요성이 큰 학문으로 볼 수 있다. 인문학은 그 '위기'를 말하면서 자기 성찰을 통한 극복 과정의 하나로 흔히 '고전번역'의 필요성과 중요성을 이야기하는데, 이 고전번역은 '인문학번역'의 문제로 보다 넓혀 생각할 필요가 있다. 이는 거의 모든 고전이 인문학에 속하기 때문이기도 하지만, 오늘날 많은 인문 지식인들의 화두가 되어 있는 '인문학의 위기'를 생각할 때, 그리고 오역으로 얼룩져 있는 위기의 번역문화를 생각할 때, 이 두 가지 커다란 문제를 하나의 문제로 연결하여 생각할 수 있는 이점도 있고, '고전'에는 옛것뿐 아니라 이른바 현대의 '고전'들도 있을 수 있기 때문이다.

번역을 번역학을 넘어 인문학적 차원에서 성찰해 보자는 '번역인문학'[1]도 고전번역 문제에 국한되는 것이 아니라, 인문학번역 문제 전반을 포괄하고자 하는 하나의 문제 제기이다. 번역을 통한 지적 자원 확충 문제를 '21세기 국가 경쟁력 차원에서 생각해야' 한다는 박상익(2002:373)의 주장에 전적으로 동의하지는 않더라도, 인문학번역을 통한 인문학 텍스트들의 구축이 인문학의 중요한 과제이며, 인문학번역이 우리의 인문학적 문제 제기들의 새로운 계기들이 될 수 있음을 부인하기는 어려울 것이다.[2] 인문학이 '인간의 가치', '인간의 향기', '인간의 무늬' 등과 무관할 수 없는 것처럼,[3] 인문학번역도 오늘의 인문학을 반성하고 내일의 인문학을 준비하려는 문제 제기의 일단이기에 이러한 가치들과 무관할 수 없다. 또한 인문학번역은 우리 인문학과 문화의 다양성을 키울 수 있는 좋은 계기도 될 수 있다. 최영진(2006)은 '단일성의 추구는 우리 사회와 문화 곳곳에서 발견'된다고 지적하는데, 우리의 번역문화도 예외는 아닌 듯하다.[4]

## 고전번역과 인문학번역

고전번역의 중요성을 강조하는 글들은 요즈음 쉽게 찾아볼 수 있

1 본서 'III. 번역인문학과 번역비평' 참고.

2 정준영(2001:61) 참고.

3 고영섭(2003) 참고.

4 한국 독자들의 이른바 '유창성' 선호는 '단일성 추구'나 '낯섦에 대한 거부'와 무관하지 않다.

다. 정준영(2001:50)은 '고전에 대한 이해와 해석의 작업은 정적으로 고정된 것이 아니'며, '서양인들은 고전에 대한 새로운 이해를 통해 당대의 문화적 깊이를 추구해 왔다'고 일러 준다. 바로 여기에 '고전번역의 의미'가 있다는 것이다(50). 그는 번역이 '언어적 차원에 한정되는 것이 아니라' '번역 작업을 통해 서로 다른 두 전통 간의 치열하고도 미묘한 만남이 이루어'지기에 '번역은 이미 그 자체로 인문학적 탐구의 성격을 가진다'고 말한다. 고전번역은 '이런 만남을 주선해 주는 작업'이기에 '절대 사소하거나 지엽적인 탐구가 아니'고, '오히려 한국의 인문학적 상황을 고려할 때 무엇보다도 강조되어야 할 탐구 가운데 하나가 바로 고전의 번역 작업이라고 할 수 있을 것'이라고 그는 역설한다(54-55). 박상익(2006:221)은 '인류의 고전적인 텍스트를 우리말로 바꾸어 우리의 고전으로 편입시키는 작업이야말로 우리 시대의 인문학 연구가 할 수 있는 가장 가치 있는 일 가운데 하나'라고 강력히 주장한다. 최희봉(2000:288)도 우리 '철학의 토양'을 기름지게 하기 위해 '필수적인 것이 동서양의 고전을 우리글로 옮기는 일'이고, '동서양의 고전적 사상들이 우리글로 쉽게 읽힐 수 있을 때, 그때에야 비로소 우리 사회는 우리 고유의 사상을 생산해 낼 준비가 된' 것이라 말한다. '쉽게 읽히는' 번역이 인문학번역에서 혹 '번안'이나 '왜곡된 번역'은 아닌지 곰곰 따져 보아야 하겠지만, 고전번역에서의 새로운 '이해'와 '해석'의 중요성에 대해서는 충분히 공감대가 형성될 수 있을 것이다.

메쇼닉(1973:354)이 '번역자이기만 한 번역자는 번역자가 아니라 소개자'이다, '작가'만이 '번역가'이다라고 말할 때, 그는 번역이 하나의 '재발화'이며, 작가적인 면모를 발휘하여 '한 언어의 감춰진 가능성들을 드러내야 한다'는 것을 의미한 것이다. 베르만 역시 '이국성', 즉 '낯선 언어와 문화'에 대한 '환대'를 통한 모국어의 감춰진 잠재성 개발의 필요성을 크게 강조했는데, 인문학 번역은 이러한 방식의 '작품oeuvre' 번역에 이제 보다 큰 관심을 가질 필요가 있다. 메쇼닉(1973)은 '탈중심화décentrement'는 두 '언어-문화' 사이에서 '언어구조'에까지 이르는 '텍스트 관계'이고 이 '언어구조'는 '텍스트 체계'에서의 '가치valeur'인데, '병합annexion'은 이 관계를 제거하는 것이라고 지적한다. 베누티(1996:93)도 불가피한 '자국화domestication'를 '신비화'하는 번역은 '나쁜 번역'이고, 이 '자국화'를 '탈신비화'하는 번역이 '좋은 번역'이라 말한다. 앞으로의 인문학번역은 '탈중심적 번역', '비자국화 번역'에 보다 깊은 관심을 가질 필요가 있다.

최근 인문학의 위기가 논의되면서 그 원인이나 처방으로 글쓰기가 주요 화두로 등장해 있는데, 우리의 글쓰기는 훈민정음 창제 이래 번역과 불가분하게 연관되어 있다. 이른바 '언해문'들은 바로 한문의 번역문들인데, 이들은 우리의 문장사에서 중요한 초기 국어 자료들이다. 개화기의 성경 번역, 찬송가 번역을 비롯하여, 대개는 일본어를 중역한 것이기는 하나, 민중의 계몽을 위한 다양한 서양 저술들의 초역, 번안, 번역 등이 한국어 문어의 새로운 기틀이 되었고, 그후 다양한 시도들이 이어진다. 번역이 바로 문체를 탄생시킨 것인데, 우리 글쓰기 역사의 핵심, 변화의 핵심은 '번역글쓰기'라고 말할 수 있다. 우리 현대 문장론의 전범으로 되어 있는 《문장강화》의 저자 이태준의 글쓰기도 번역글쓰기가 그 바탕이라고 한다.[5] 인문학번역은 우리의 글쓰기를 다시 생각하는 계기, 새로운 다양한 글쓰기가 시도되는 계기들이 될 수 있어야 할 것이다.

### 오역비평과 수사양식

기존의 거의 모든 번역이론들은 번역자가 원어와 역어, 그리고 그 문화들을 모두 잘 알고 있는 것으로 전제한다. 그러나 실제의 경우들을 보면 이 전제 사항이 제대로 충족되지 못하는 것이 바로 우리 번역의 근원적 문제 중 하나임을 쉽게 알 수 있다. 우리의 번역문화가 오역, 비문 등으로 얼룩져 있다는 지적은 어제오늘의 것이 아니다. 전자저널들의 검색이 보여 주듯이, 오역에 대한 단편적이거나 분류 위주의 연구들은 더러 있어도 오역에 대한 체계적인 연구는 본격적으로 이루어지고 못하고 있는 우리의 실정에서, 영미문학연구회 번역평가사업단(2005)의 《영미명작, 좋은 번역을 찾아서》는 돋보이는 업적이다. 이들은 번역 품질 평가의 기

5 박진숙(2003: 155): "번역이 문체를 탄생시킨다는 것은 일본에서의 언문일치가 후타바테이 시메이의 번역을 통해 이루어졌다는 것을 보아도 알 수 있는 사실이다. '명문장'으로 평가받는 이태준의 문장은 식민지 지식인으로서 번역이라는 표현의 경계를 넘나들면서, 스스로 만들어 낸 문체라고 할 수 있다."

본 범주를 충실성의 영역, 가독성의 영역으로 나누고, '각 범주에서 심각한 오류의 빈도를 기준으로 각 번역본에 등급을 부여'하였는데, 앞서도 살펴보았듯이, 최종 검토본 572종 가운데 6개 평가 등급 중 상위 두 등급에 해당하는 추천본은 총 62종이고, 최고 등급을 받은 종수는 단 6종에 불과하다. '영미명작' 번역들 중 그래도 읽을 만하다는 것은 단 11%에 지나지 않으며, 비추천본들이 무려 89%에 이르는 것이니, 우리 오역문화의 참담함을 달리 형용하기 어렵다.[6]

사정이 이러하니 번역 평자들이 오역과 비문을 문제삼는 것은 어쩌면 너무나 당연하다. 하지만, 우선 '오역'과 '비문'이 흔히 생각하는 것처럼 그리 명료한 개념이 아닐 수 있다. 그리고 '바른 번역'과 '옳은 문장'이 어떠한 것인가에 대한 생각에 따라 구체적 예들에 대해서는 그 평가에 편차가 크게 날 수도 있고, 같은 예에 대해서도 평가가 크게 서로 달라질 수도 있다. '번역투'는 흔히 '우리말답지 못하다'고 평가되는데, '우리말다운 번역'은 기존의 문어 규범에 맞는 번역을 뜻하는 것이리라.[7] 그러나 새로운 것을 받아들이기 위해서는 새로운 '규범'이, 그것도 지속적으로 필요하지 않을까? 우리의 번역사를 훑어 보면 오히려 '번역투'가 한국어 문어의 계발에 크게 기여한 것을 알 수 있다. 번역비평의 수가 근

6 동 사업단의 후속작《영미명작, 좋은 번역을 찾아서 2》의 연구 결과도 이와 별반 다르지 않다.

7 이석규 외(2002) 참고.

자에 번역학 관련 학술지들의 출간과 더불어 상당히 늘긴 했으나 다양성 면에서는 아직도 상당히 미흡한 것이 우리의 현실이다. 특히 지적되어야 할 것은 '오역'을 이야기할 때의 이야기 방식, 번역비평 시의 '수사양식'인데, 그 '양식'으로 인해 우리의 번역문화에서 소통보다 갈등이 조장될 가능성이 없지 않다는 것이다.

포스/포스(2003)는 《변화로의 초대*Inviting Transformation*》에서 다섯 가지 수사양식을 구분한다. '정복의 수사conquest rhetoric', '바꿈의 수사conversion rhetoric', '호의의 수사benevolent rhetoric', '조언의 수사advisory rhetoric', '초대의 수사invitational rhetoric'[8]가 그것들인데, 적어도 우리의 오역비평에서는 전반부 양식들의 사용이 두드러져 보인다. 첫째 양식의 목표는—때로는 수단 방법을 가리지 않고서라도—이기는 것이며, 이 양식의 본령은 자신의 생각, 주장, 논증이 경쟁적인 것들 중에서 최선의 것임을 주장하는 것이다. 둘째 양식은 주어진 하나의 문제에 대한 다른 사람들의 전망이나 행동거지들을 일정한 방식으로 바꾸려는 의도의 커뮤니케이션이고, 이 수사의 핵심 방법은 설득이다. 이 두 양식의 커뮤니케이션에

8 포스/포스(2003: 9)에 의하면, '초대의 수사'는 1) 이해가 커뮤니케이션의 목적이다, 2) 화자와 청중은 동등하다, 3) 다양한 전망들이 원천이다, 4) 자신이 선택한 변화이다, 5) 양보를 하려는 선의가 있다, 이 다섯가지 기준에 의해 특징지어진다. 이들에 의하면, '초대의 수사' 참여자들은 변화가 될 충분한 각오로 커뮤니케이션에 참여한다. 그러니까 초대의 수사가 겪을 위험은 상대에게 '진다'는 위험이 아니라, 스스로가 '바뀔' 위험인 것이다. '초대의 수사'는 화자 혹은 저자의 목표가 그가 다른 사람들의 전망들을 이해하려 하는 것처럼, 다른 사람들이 자신의 전망을 이해하도록 초대하는 커뮤니케이션 양식이다.

서는 갈등이 지나친 나머지 적대적 관계까지 형성될 수 있는데, 포스/포스(2003:9)는 '정복의 수사'나 '바꿈의 수사'로 창출된 적대적 세계는 '변화'를 위한 기회들에 장애가 되는 경향이 있다고 지적한다. 이러한 세계에서는 서로 다른 전망들이 발전과 성장을 위한 계기보다는, 제거되거나 축출되어야 할 '변칙적인 것들' 정도로 간주된다는 것이다. 이상원(2006:172)에 의하면, '번역비평의 지적 사항들은 98% 이상이 잘못된 점에 대한 비판이고 긍정적인 지적은 거의 없'다고 한다. 이를 언급하며 정혜용(2006b:3)도 '대체로 번역비평의 대상이 되어서 치명상을 입지 않고 무사히 빠져나오는 번역가가 드문' 것이 우리의 번역비평 현실이라고 진단한다. 그러나, 오역문화가 공동의 노력을 통해 극복해야 할 대상이라면, 그에 대한 논의들도, 그 수사양식도 가급적이면 선의의 수사, 조언의 수사, 나아가 초대의 수사 쪽으로 바뀌어 가야 하지 않을까? 오역비평 역시 '비난'이나 '힐난'보다는 오역문화를 극복하기 위한 대화로의 '초대'가 되어야 하지 않을까?

오역은 '병가지상사'일 수 있다. 그렇기에 틀리는 것도 문제이긴 하나, 왜, 무엇이, 어떻게 틀렸는가 등이 더 중요한 문제이다. 오역도 실은 나름대로의 의식적 · 무의식적 '번역론'의 결과이다. 만일 '번역 의식'의 부재로 인해 자신의 잘못된 번역론을 바로잡지 못하고 그 결과 유사한 잘못이 되풀이된다면, 그리고 번역비평도 구태의연한 비난 어투 등을 벗어나지 못한다면 우리의 낙후된 번역문화 극복에 중대한 장애가 아닐 수 없다. 그러나, 번역비평이 번역에 대한 공격과 비난 대신, 섬세한 번역문법적인 분석 결과의 '공감적 소통'[9]의 노력을 통한 '초대의 수사'가 될 수 있다면, 그리고 많은 번역비평자들이 이러한 노력에 동참한다면, 우리의 번역문화의 모습은 사뭇 달라질 수 있을 것이다.

오역문화의 극복을 위해서는 인식의 전환뿐 아니라 구체적 탐구들이 필요하다. 오역 문제를 심층적으로 이해하고 적절 타당한 번역의 계기로 삼기 위해서는 근본적으로 텍스트 내용과 넓은 의미의 맥락도 고려한 의미 · 화용 · 화행론 차원의 번역문법적 분석이 포괄적으로 이루어져야 할 것이다. 번역학이나 번역비평이 언어학의 하위 분야는 물론 아니나, 언어학적 지식들, 특히 의미론, 화용론, 텍스트학 등 의미 탐구에 관한 최근의 연구들은 오역의 이해와 탈피에 큰 도움이 될 수 있다. 또한, 주입식 외국어 학교문법의 본격적인 번역문법으로의 전환, 번역이론이나 번역비평과 연계된 번역교육의 개선 등 제도적으로도 적극적인 보완 대책이 마련되지 않으면 해묵은 유사한 잘못들이 계속 되풀이될 가능성이 크다. 바로 그렇기 때문에 오역비평에 머물러 있는 번역비평 담론들을 포괄하며 보다 나은 (재)번역을 위한 길잡이 역할을 할 수 있는 번역문법에 대한 새로운 인식이 무엇보다 절실하다.[10] 지금까지 번역학에서 관심 밖에 놓였던, 외곽으로 밀려나

---

9 Dussart(1994) 참고.

10 전성기(1998 · 2002)는 텍스트들의 구체적 분석을 바탕으로 한 번역문법적 탐구의 예들을 보이고 있다.

있던 번역문법은 이제 새롭게 인식된 번역비평을 통해 우리의 인문학번역에서 중요한 몫을 담당해야 할 것이다.

### 직역론과 의역론을 넘어

그렇다면 인문학을 어떻게 번역할 것인가? 번역의 전반적인 관점에서 흔히 거론되는 것은 '직역'인가, '의역'인가 하는 문제인데, 흔히 직역直譯은 자구대로 그대로 번역하는 것, 의역意譯은 뜻을 살려서 번역하는 것으로 '정의'된다. 또한 직역은 '형식적인 일치' 위주이고 의역은 '내용의 동등성' 위주인 것으로 이해되는가 하면, 직역은 원문의 낱말 · 구 · 어법에만 의지하여 하는 번역이고 의역은 원문 전체의 뜻을 살려 번역하는 방법이라는 등의 설명도 찾아볼 수 있는데, 많은 오역들은 단순 직역 혹은 대어역의 결과로 짐작된다. 직역, 의역이 여전히 모호한 것은 이 표현들을 사용하여 나타내고자 하는 것들이 매우 다양하기 때문일 것이다. 이 문제는 번역의 '충실성' 문제, 어떤 것이 '좋은 번역'인가 하는 문제와도 연관되어 있고, 원텍스트의 종류, 장르와도 무관할 수 없다.

무냉은 '출발어의 언어적 특성', '원작에 묻어 있는 시대의 향취', '원작과의 문화적 거리'라는 세 측면에서 '직역과 의역을 재조명'하면서, 직역은 이 세 측면에서 '원문을 절대적으로 존중하는 번역'이고, 의역은 '가독성이 손상되지 않는 범위 내에서 원문을 존중하는 번역'이라며 직역과 의역을 새롭게 정의한 바 있다.[11] 직역/의역은 출발론/도착론과 동일시되기도 하는데, '시니피앙에 매달리는 사람들을 출발론자들'로, '시니피에를 존중하려는 사람들'을 도착론자로 규정하는 라드미랄[12]은 '출발론에 입각한 번역은 랑그 차원의 번역'으로, '도착론에 입각한 번역은 파롤 차원의 번역'으로 간주한다.[13] 그런데 소쉬르 기호학의 관점에서 보면, 시니피앙과 시니피에는 불가분의 관계에 있다. 라스티에(1996:14)는 시니피앙을 바꾸는 것은 기호를 바꾸는 것이고, 따라서 시니피에를 바꾸는 것이라 말한다. 번역은 시니피앙을 옮기는 것도 아니고, 시니피에를 옮기는 것도 아니다. 사실 양자는 '옮겨질 수 없는 것들'이다.[14] 신기욤학파의 슈발리에(1996:86)는 시니피앙과 시니피에가 지시물을 '허용'하는 것이고, '인가'하는 것이며, '양립할 수 있는' 것이지 잠재적으로 포함하고 있는 것이 아니라고 지적한다.

우리 인문학번역에서는 의역을 선호하는 경향이 있다. 정준영(2001:56)은 직역/의역의 대립이 어느 쪽이 원본의 의미를 정확히 살릴 수 있느냐는 관점의 차이에서 비롯된다고 말한다. '전자를 선호하는 노선은 기본적으로 번역자의 주관적 개입을 자제하

---

11 정혜용(2005: 273-274).

12 Ladmiral(2004: 29-30) 참고.

13 정혜용(2005) 참고.

14 라드미랄과 더불어 '도착론자'로 분류되는 '해석이론' 학자인 르드레르(2001)는 직역, 의역 대신에 '대응 번역', '등가 번역'이라는 용어를 제시하기도 했다.

고 원본의 낱말과 번역어의 낱말 간의 대응, 더 나아가서 문장들 간의 구조적 일치를 꾀'하는데, '이런 입장은 번역자의 주관성이 개입되는 것을 거부하는 노선'이라면서, '이런 경우엔 무엇보다도 번역자에게 세밀하고 정확한 문법적 지식이 요구된다고 주장한다. 반면에, 후자는 저자가 '의도한' 의미의 포착에 관심을 쏟는데, 번역자가 원저자의 의도를 해석하는 능력에는 '저자의 기본적인 사상에 대한 이해, 그리고 저자가 사용하고 있는 언어의 배경이 되는 문화에 대한 이해'가 '필수 조건'으로 요구된다고 말한다.[15] 하지만 '세밀하고 정확한 문법지식'의 필요성이 직역에 국한된다는 것은 동의하기 어렵다. 또한 저자의 의도와 대비되는 '텍스트의 의도'[16]도 있을 수 있고, 텍스트의 변별적 의미 중 저자가 의도하지 않은 의미들도 있을 수 있다.

우리가 서양 고전어를 번역할 때 '가능한 길은 의역의 길밖에 없'는데, 의역에는 두 길이 있다고 정준영(2001:57)은 말한다. 하나는 '직역에 가까운 의역'이고 다른 하나는 '완전한 의역'으로, '번역의 역사에서 후자와 같은 번역은 두 전통(언어) 간에 상당한 이해의 토대가 갖추어졌을 때에만 가능'하다고 본다. '직역에 가까운 의역'은 교육적 측면이 고려된 번역 방식으로서, '원칙적으로는 자연스런 우리말 표현에 초점을 맞추되 부가적으로 고전어

15 '문제는 이러한 의역의 시도가 원저자의 의도와 일치되는가를 얼마나 객관적으로 검증할 수 있는가 하는 것'이라 그는 지적한다.

16 Vigneault(1999) 참고.

의 구문을 되도록 반영할 수 있는 방향으로 번역하는 것'이다. 그는 '독자의 이해를 돕는 번역'이 '좋은 번역'이고, '이를 위해서는 번역문의 가독성이 중시되어야 하며, 또한 주석의 작업이 반드시 동반되어야 한다'고 주장하는데(37),[17] 이른바 '연구번역'에서는 각주나 후주 등의 주들이 매우 중요할 수 있다. 그리고 고전도 물론 독자 위주, 가독성 위주로 번역될 수도 있다.

이러한 의역 위주의 입장은 동양 고전인 《논어》의 번역에 대한 미야자키 이치사다의 관점과 유사한 것으로 보이는데, 표정훈(2001)은 이 관점을 이렇게 풀이한다: "직역체를 취하여 원문에 충실하려고 노력하면 노력할수록 번역된 문장은 이해하기 어렵다. 그래서 의역이 필요하다. 원문과 다소 차이가 생기는 것은 처음부터 각오하고 현대인의 감각에 맞는 말로 대의를 전하려고 하는 것이다. 나의 번역은 어느 쪽인가 하면 의역이다." 저자는 '의역을 시도하는 고전번역'이 이 책뿐만은 아니나, 이 책은 '한문 원문, 직역 부분, 의역 부분, 그리고 번역자의 해설 부분으로 이루어져 있기에, 의역이 초래할 수 있는 오해의 소지를 줄이면서 논어 각 절의 의미를 이해할 수 있다'고 설명하는데, 이것이 고전번역에서 활용성이 큰, 인문학번역의 다양한 번역 방식 가운데 하나인 것은 분명하다.

---

17 '주석의 작업에는 해석과 비판의 과정이 포함되기 때문에 고전번역 작업은 새로운 한국 인문학의 전통을 세우는 데 큰 기여를 할 수 있을 것'이라는 게 그의 기대이다.

베르만과 메쇼닉이 대표적 학자들로 인정되는 '직역론'은 그 대상이 '고전'과 유사한 '작품들'이지만, 위와 같은 '의역론'과는 그 입장이 사뭇 다르다. 이들이 번역 대상으로 삼는 것은 실용적 텍스트들이 아니라 문학작품이나 성경 같은 나름의 '작품성'이 있는 텍스트들인데, 이 '작품들'을 단지 의역한다면 바로 그 '작품성', '이국성' 혹은 '낯섦'이 훼손된다는 것이 이들의 견해이다. 베르만의 번역론은 'lettres의 번역', 즉 '문자들의 번역'인데, 이는 낯선 언어-문화의 '이국성', '이질성'을 번역해야 한다는 것으로, 문자나 형태들 자체의 번역이 아니라 '형태의 의미' 번역을 지향하는 것이다. 메쇼닉의 번역은 한마디로, '주체에 의한 언어 움직임의 무한한 조직화'[18]로 정의되는 '리듬'의 번역인데, 이 리듬은 '작품들'에만 있는 것은 아니나, '작품들'에서 이 '리듬'이 번역되지 않는다면 그것은 '생명력을 상실한 번역'이 된다는 것이다. 메쇼닉은 '형식'과 '의미', 그리고 번역과 문학, 예술, 윤리, 정치 등을 모두 비분리적인 것으로, 연속된 것으로 생각한다.[19]

그러니까 베르만과 메쇼닉의 직역론은 '대어역'으로서의 직역론과는 거리가 멀다. '윤리적 번역'과 '시적 번역'으로 표현되기도 하는 이들의 직역은 '형식 혹은 형태가 고려되지 않은 번역'과 대비되는, '각종 형태적 의미까지도 고려한 번역'으로, 무냉이 말하는 직역과 거리가 멀지 않다. 이들의 기존의 의역론에 대한 비

18 최영주(2004: 346) 참고.

19 조재룡(2003), Meschonnic(2006) 참고.

판은 실은 형식이나 형태의 의미가 고려되지 않은 '등가', '연속성'이 고려되지 않은 '등가'에 대한 비판이다. 다른 언어에서 '원작과 등가의 작품'이 산출되기 위해서는, '의미와 형식의 이분법을 넘어'[20] 보다 많은 것들, '글쓰기'까지도 고려되어야 한다는 것이다. 그러니까 번역은 새로운 '번역글쓰기'가 되어야 하는 것이다. 베르만과 메쇼닉, 그리고 이들에 공감하는 이들로 인해 프랑스에서는 번역의 '새로운 패러다임', 즉 번역이 '하나의 랑그와 또 다른 랑그 사이의 문제가 아니라 번역 주체가 하나의 텍스트를 현동화現動化하여 그 텍스트를 다른 언어로 생산해 내는 작업'이라는 견해가 확고하게 자리잡았다는 평가[21]도 나오는 것이다.

앙세(1999:181)는 모든 번역이 반역이란 사실을 유감스러워하기보다, 번역이 반역임을, 두 번 반역하는 것임을 알아야 한다고 조언한다. 우선, 번역은 원어에 대한 반역인데, 이는 원어 자체가 제거되기 때문이고, 그 다음으로 번역은 번역어에 대한 반역인데, '이타성'의 낯선 목소리를 듣게 하는, 그 언어가 관습적으로 말하지 않는 것을 말하도록 강제하기 때문이라는 것이다. 그러니까 번역은 '이중 반역'인 셈이다. 이 '이중 반역'을 통해 원텍스트의 깊은 의미를 읽어 내어 자신의 언어, 자신의 모국어의 깊이를 더하고, 그 소진 불가능한 잠재력을 일깨울 수 있는 것이다. 원칙적으로 앙세의 말대로, '모든 언어에서 모든 것이 가능'하지만

20 정혜용(2006a) 참고.

21 정혜용(2005: 283) 참고.

(182), 번역은 그 어느 것보다 이러한 가능성을 적극적으로 모색하는 기회가 될 수 있고, 또 그렇게 되어야 한다. 인문학번역의 중요한 의미 역시 이러한 탐색들에서 찾을 수 있는 것이다.[22]

인문학 저술이 모두 '고전'이거나 '작품'이라고 말하기는 어렵고, 고전도, 앞서 보았듯이, 의미 위주로, 독자 중심, 가독성 중심의 번역을 할 수도 있다. 그러나 굳이 문학작품이 아니더라도 형식과 의미를 모두 고려하는, 이국성이나 타자성에 대한 배려를 충분히 하는, 나아가 리쾨르식으로 말하면 이국의 언어와 문화를 '환대'하는 인문학번역도 있어야 할 것이고 또한 필요하기도 하다. 이러한 번역만이 인문학을 '인문학번역'답게 번역하는 것은 아닐지라도, 이러한 번역의 시도들이 드물고, 또 그 필요성이 널리 인식되지 못하고 있는 것이 우리 번역문화의 현실이다. 라스티에(1996:15)는 '번역은 거리들을 무효화하지 않는다. 번역은 존중을 가능하게 하고 증거한다. 번역자는 두 세상에서 산다. 그리고 그의 규범은 텍스트에 대한, 저자에 대한, 두 언어에 대한, 역사와 두 문화의 시기들에 대한 경의이다'라고 말하는데, 이 '경의'는 여전히 번역학 연구의 주류를 이루는, '봉건성féodalité'을 연상시키는 '충실성fidlité' 개념보다는 보다 중립적인 '신뢰도fiabilité'나 '존중respect' 개념에 훨씬 더 가깝다. 번역은 '내가 바뀔 위험을

22 시뿐 아니라 인문학번역이 어떤 의미에서는 '죽음'이요 '부활'이나 부활한 '몸'은 같은 '몸'이 아니다. 의미라고 '같은 의미'일까. Ancet(1999: 178) 참고.

충분히 감수'하는, 기존 번역글쓰기를 넘어선 새로운 번역글쓰기의 계기가 되어 왔고, 또 새로이 그럴 수 있어야 한다. 그래야 서로 다른 언어 간, 서로 다른 문화 간의 진정한 소통도 가능해지는 것이다. 기존 글쓰기가 담을 수 없었던 새로운 내용을 담기 위해서는 인문학의 번역글쓰기가 보다 다양해져야 할 것이고, 그러한 다양한 글쓰기는 새로운 인문학적 사고의 좋은 토양이 될 것이다.

**번역문법과 번역비평**

'번역비평의 가장 기본적인 목적'을 '원본과 번역본의 비교를 통해 오류가 있는지 찾아내고 또 한편 그 오류의 원인이 어디에 있는지 확인하는 데 있다'고 규정하는 김효중(1998:247) 같은 학자도 있지만, 강대진(2004), 이재호(2005)를 비롯한 대개의 번역비평 관련 저술이나 논문들에서도 오역비평에 치우쳐 있다는 느낌을 받는다. 《영미명작, 좋은 번역을 찾아서》의 '충실성'과 '가독성'이라는 '좋은 번역'의 기준들도 실은 오류의 빈도를 따지기 위한 기준들이다. 정혜용(2006b:10)도 '충실성과 가독성이라는 두 잣대가 함량 미달의 번역을 걸러낸다는 점'에서 '우리의 번역 현실에서 일정 역할을 하고 있다는 것을 인정하'지만 '궁극적으로는 폐기되어야 할 비평기준'이라 평가한다. 이는 '충실성과 가독성이라는 두 잣대를 내세운 번역비평이 텍스트 층위에서 이루어지는 문학 번역가의 번역 실천을 아우르지 못하'는 '랑그 층위의 기준들이기 때문'이라는 것이다.

번역문법의 이해와 분석은 이러한 오류분석 차원을 넘어, 베르만(1995)이 말하는 '본격적인 번역비평'의 상당 부분, 특히 그가 지적하는 번역 텍스트(들)의 우선적인 검토, 원텍스트의 검토, 상호적 검토의 상당 부분을 포괄해야 할 것이다. 지금까지의 오역에 대한 담론들은 '금지문법적' 혹은 '규범문법적' 번역담론들인데, 이러한 규범적 번역문법은 현재도 필요하고, 앞으로도 어느 정도는 계속 필요할 것이다. 하지만 문제는 우리가 이 규범적 번역문법에 과도하게 얽매여 있고, 이 규범적 번역문법도 지나치게 경직되어 있다는 것이다. 이러한 경직된 규범적 번역문법이 어제의 번역문법이요 지금까지의 번역문법이라면, 앞으로 우리에게 필요한 것은 '기술적' 번역문법이요, 보다 완화된, 다양한 언어생활을 반영하는 보다 탄력적인 '규범적 문법'이다. 그러나 구체적 번역읽기와 번역비평을 위해서는 무엇보다 '생산적' 혹은 '산출적' 번역문법이 필요하다. 라드미랄(2004)은 번역학을 '학문이라기에는 너무도 인간적인 학문'이라 하였는데, 번역문법이야말로 현재로서는 '인간적인 너무도 인간적인 문법'일 수밖에 없다.

'산출적' 번역문법은 규범문법에서 말하는 '법칙'이나 '규칙', 기술번역문법이 말하는 체계나 일관성은 가지고 있지 못하다. 하지만 이 번역문법은 텍스트1(원텍스트)의 언어-문화문법[23]과 텍

23 언어와 문화는, 몸과 마음이 그러한 것처럼, 낱말상으로 보는 것과는 달리, 실상은 분리가 되지 않는다. 이를 일반의미론에서는 '비요소주의non-elementalism'이라 말한다.

스트2(번역 텍스트)의 컨텍스트(맥락)상의 관계 혹은 상호작용을 텍스트 내용과 관련된 연구들은 물론, 언어이론, 번역이론, 문화이론 등 다양한 자료들을 활용하여 탐색한다. 이 번역문법은 엄밀히 구분되지는 않지만 편의상 1단계와 2단계로 구분할 수 있다. 1단계에서는 텍스트 번역에 대한 기본적 비교조사를 하는데, 다양한 오역들에 대한 '진단과 치료'를 목적으로 하는 '임상문법'의 역할을 할 수도 있다. 무엇이 잘못되었는가, 왜 잘못되었는가, 어떻게 하면 되는가 하는 문제들을 다루는 것이다. 여기서는 번역상의 선택의 여지가 비교적 좁다고 말할 수 있다. 2단계에서는 원텍스트와 번역 텍스트의 텍스트 비교 분석에서 기존의 학문적 연구들의 성과를 충분히 고려한 인문학적 성찰이 번역문법의 주요 과제가 되는데, 1단계에서 고려되지 못한 텍스트상의 의미관계들이나 텍스트의 심층적 의미들이 충분히 탐색되어야 할 것이다. 2단계에서는 번역상의 선택의 여지도 상대적으로 커지기 때문에 의미와 표현의 선택의 타당성에 대한 검증이 보다 면밀하게 이루어져야 할 터인데, 이는 의미와 표현에 대한 번역자의 자신과의 수사적 교섭 과정이다. 매번 특수할 수밖에 없는 구체적 인문학번역과 번역비평을 위해서는 번역문법이 절충적 · 임상적으로 될 수밖에 없다.

번역문법은 번역 텍스트를 원텍스트와 비교하여 세밀하게 읽고 평가하기 위한, 다양한 분야들의 지식으로 구성된 절충적 · 임상적 성격의 열린 담론이다. 번역문법은 원텍스트가 어떻게 쓰여 있는지 혹은 왜 '그런' 식으로 쓰여 있는지 읽어 내는 데 필요하다. 그리고 그렇게 읽어 낸, 해석된 것들이 적절히 재현되었는지 평가하는 데 도움이 되어야 한다. 그러기 위한 번역문법은 의미의 문법일 수밖에 없다. 라스티에(2005:3)는 '의미는 텍스트에 내재하는 것이 아니라 해석 실천에 내재한다'고 말한다. 이는 텍스트를 '폐쇄된 산물'이 아니라 이해에 의해 '현동화'되는 것으로 보는 가다머 해석학과 맥을 같이한다.[24] 번역에서 우선적으로 문제가 되는 의미는 랑그상의 의미가 아니라 담론상의 의미, 텍스트상의 의미, 상황맥락적 의미이다. 이 의미들은 문법 의미와 어휘 의미, 텍스트의 의미와 결합된 문법 의미와 어휘 의미, 이러한 의미들과 맥락이나 상황이 어우러진 의미들이다. 시피니앙들의 의미나 리듬 등도 번역의 대상이 된다는 것은 번역이 철저한 의미 번역이 될 수밖에 없음을 뜻하는 것이다. 중요한 것은 이러한 의미들 중에서 '변별적'인 것들, 보다 정확히 말해 '변별적인 것들'로 이해되고 해석되는 것들을 가능한 한 최대로 포착하여, 이들을 적절한 번역글쓰기를 통해 재현해 내는 것이다.

인문학 텍스트를 '정보' 차원에서 이해하는 번역자는 '정보-번역'을 할 가능성이 높으나, 인문학 텍스트를 보다 깊이 '보고 읽으려' 하는 번역자는 메쇼닉이 '정보-번역'과 대비하여 말하는 '텍스트-번역'[25]에 관심을 가질 것이다.[26] 이 '텍스트-번역'은 '형식'과 '의미'가 이분법적으로 나뉘지 않는, 연속성의 '리듬'을 고려

---

24 Renken(2002: 26) 참고.

하는 번역으로, 이는 텍스트에서 시니피앙과 시니피에를 불가분의 것으로 보는, 《일반언어학 노트》 발견 이후의 새로운 소쉬르 기호학[27]과 궤를 같이 하는 관점이다. 베르만의 '문자들의 번역'도 실은 '문자가 번역되지 않은 번역'은 '작품'의 '작품성'이 배제된 번역이라는 것이지 '문자만을 번역'해야 한다는 것은 아니다. 이러한 '문자의 번역' 역시 시니피앙과 시니피에를 모두 고려하는 번역이다. 이스라엘(1990:35)은 '실용적 텍스트로부터는, 거의 모든 경우, 정보를 추출하고 의미를 드러내는 것이 충분히 가능하나, 문학 텍스트의 경우에는 그렇지가 않다'고 말한다. '문학 텍스트를 밝혀 내는 것은 단순한 정신적 작업이 아니라 감성이 개입된 무수한 가정들로 이어지는 탐구'라고 말하는데, 인문학 텍스트들의 번역 역시 그러해야 할 것이다.

이른바 문화 번역의 경우에는 언어 의미와 사물의 의미의 구분이 명확하지 않을 수 있다. 즉, '번역문법'이 '내용 이해'와 상당 부분 혼재되어 있을 수 있다. 바로 그렇기 때문에라도 번역문법에서는 의미의 변별성이 언어 의미에 국한되지 않는 것으로, 언어 의미와 사물의 의미가 어우러진 것으로 이해할 필요가 있다. 중요한 것은 의미의 변별성인데, 이 변별성은 매우 다양한 요소

---

25 Ancet(1999: 183) 참고.

26 Canon-Roger(2006: 5)는 라스티에가, 'traduction'이라는 이름의 정보 전달'의 경우와 달리, '해석과 표현에 공을 많이 들이는' 'réélaboration interprétative'의 전달 양식들은 'translation'이라고 부른다고 지적한다.

27 최용호(2006) 참고.

들이 그 분석 대상이기에 매우 섬세하면서도 텍스트 전체를 아우르는 포괄적 판단이 필요하다. 이를 위해서는 전체를 통해 부분을 보고 부분을 통해 전체를 다시 보는 과정, 이러한 과정의 되풀이가 필요하다. 특히 추출된 의미가, 번역 텍스트와 원텍스트에서 기호의 변이, 실질적으로는 '문체'와 '리듬'을 포함한 '시니피앙의 변이'에 따라 어떠한 차이가 생기는지 세밀히 살피는 것이 중요하다. 인문학번역은 이 모든 차이들에 보다 큰 관심을 가져야 할 것이며, 분석과 총괄이 상호 보완적으로 될 수 있도록, 분석적 이해와 포괄적 이해가 '전일적' 조화를 이룰 수 있도록 노력해야 할 것이다.

디 스테파노는 〈문학비평으로서의 번역〉(1982)에서 '문학번역은 내재적으로 하나의 문학비평 행위'이어야 함을 잘 보이고 있다. 번역자는, 예를 들어, 사르트르의 〈구토〉에서 단순과거/반과거의 대립, 서사적 현재 같은 일견 사소해 보이는 문법적 관계들이 원작의 '문학성'에 어떻게 기여하는가, 다른 한 예에서는 어휘 구조와 의미 구조들의 망 등이 작품 속에서 어떻게 의미적으로 작용하는가 포착할 수 있어야 한다는 것이다. 이들을 여하히 번역하는가는 물론 또 다른 문제이다. 생텍쥐페리의 〈야간비행〉도 앙드레 지드가 그 서문에서 '문학적 가치'를 높이 평가한 작품인데,[28] 다섯 편의 한국어 번역본들을 검토해 보아도 그 '작품성'이

---

28 한 번역자도 그의 〈야간비행〉 작품 해설에서 '가슴 뭉클한 감동을 주는 이 소설은 인간의 처지, 행동, 정력, 용기, 그리고 의무에 대한 묵상과 인간의 위대

나 지드가 말하는 '서사시성'의 재창조에 미흡하다는 인상을 지울 수 없다. 그 이유의 상당 부분은 미세한 변별적인 의미들의 포착과 재현에 미흡했기 때문인 것으로 생각된다. 예를 들어, 원작의 구문 순서, 자유간접화법, 어휘 표현 등에 충분히 유의하지 않았기에 조종사의 묵상적 측면이 충분히 재현되지 못했던 것이다.

하나의 텍스트를 번역문법적으로 읽는다는 것은 우선 그 텍스트를 '깊이', '심층적으로' 읽는다는 것이다. 이에는 다양한 접근법이 있을 수 있는데, 질(1995)이 말하는 '비판적 읽기'도 하나의 방법이고, 원텍스트나 번역 텍스트를 '삼중대조분석'적으로, 즉 원어 표현들끼리 대조하고, 역어 표현들끼리의 대조하고, 전자와 후자를 교차 대조하는 방식으로 읽고 분석하는 것도 변별적 의미 파악을 위한 하나의 방법이 될 수 있는데, 이는 어디까지나 맥락을 고려하여 하는 작업이다.[29] 미시사 연구에서 말하는 '두껍게 읽기', '다르게 읽기'도 참고가 될 수 있다.[30] 읽기 행위는 일견 고정되어 보이는 기호들 혹은 기호 연쇄들이 텍스트와의 수사적 대화로 바뀌는 것을 가능하게 하고, 이를 통해 보다 깊은 이해가 이루어지는 것이다.[31] 이러한 대화적 읽기에서 맥락은 의미 산출의

---

함을 찬양하는 설득력 있는 문장으로 엮어진 완벽한 작품으로 평가되고 있다'고 평한 바 있다.

29 변별적 의미는 이른바 '번역 단위'에 의해 표현될 수도 있고 그렇지 않을 수도 있다.

30 조한욱(2000) 참고.

31 Renken(2002: 23) 참고.

주요 요소이다.[32] 마넬리(2006:71)는 '수사학의 관점에서 볼 때 차별과 모순은 파괴적인 것이 아니라 오히려 생산적인 것이다. 이 둘은 결속을 파괴하는 것이 아니라, 반대로 신수사학이 의견들의 합의를 이루어 내기 위해 활용하는 버팀목이다'라고 지적하는데, 이는 번역자의 반복되는 읽기에서 나타나는 의미상의 차이와 모순의 극복이 '수사적 대화'를 통해 가능함을 시사하는 것이다.

귀스타브 기욤이 그의 '정신역학' 설명에서 언급한 '이해comprendre'와 '봄voir'의 '나선형적 과정'은 텍스트의 '이해'와 '봄'에도 충분히 적용될 수 있다. 텍스트도 보는 만큼 이해되고, 이해되는 만큼 볼 수 있기 때문이다. 다양한 배움과 성찰을 통하여 이 '이해'와 '봄'은 점차 더 깊어질 수 있다. 되풀이되는 읽기가 될 수밖에 없는 인문학번역에서의 읽기[33]는 텍스트의 구절들뿐 아니라, '맥락', '텍스트성' 혹은 '상호텍스트성'을 충분히 고려해야 하는 읽기이고,[34] 이러한 읽기는 인문학적 사유를 필요로 한다. 홍성욱(2000:230)은 '인문학적 사유'를 '텍스트를 읽고, 질문을 던지고, 그 질문에 대한 설명을 찾기 위해 또 다른 텍스트를 읽고, 다양한 가능성에 대해 생각해 보고, 다양한 설명의 차이의 근원에 대해 생각해 보고, 한 단계 높은 차원에서 이를 결합시켜 보고, 이런 이해를 바탕으로 한 단계 더 높은 질문을 던지는 나선형의 과정의

32 메이에르(2004) 참고.

33 Renken(2002: 27) 참고.

34 Rastier(2005: 5) 참고.

끊임없는 연속'이라고 설명한다. '질문의 깊이와 이에 대한 설명의 설득력'도 '인문학도의 능력과 경험이 얼마나 풍부한가에 따라서 달라질 수 있'다고 말하는데, 인문학번역에서도 이러한 '인문학적 사유'가 필요하다.

슐라이어마허에 의하면, 작품의 이해는 그 첫 출발부터 언제나 '이해의 불확실성'을 내포하고 있다.[35] 인문학번역자도 '선이해'과 '선입견'의 불가피성을 인정하고 의미의 이해에 보다 깊이 주의를 기울여야 할 터인데, 맥락이나 상호텍스트성은 물론 다양한 자료들의 도움을 받아야 할 것이고,그렇게 함으로써 해석의 타당성을 보다 높일 수 있을 것이다.[36] 원텍스트와 번역 텍스트의 다양한 의미들의 분석과 이해, 그리고 그 타당성 검증하려면 번역 주체가 깊이 개입될 수밖에 없는데, 텍스트마다 관련된 내용과 맥락, 사회적 · 역사적 상황이 다르기에 구체적인 작용은 매번 달라질 수밖에 없다. 투아르(2002)의, '해석herméneutique이 이해comprendre에서 비롯되는 것이지 그 반대는 아니다, 하나의 해석이론을 가졌다 해서 실제적 이해가 보장되는 것은 아니다'라는 지적은 인문학번역에도 그대로 적용된다.

35 이선관(2003) 참고.

36 라스티에(2005: 4)는 '유물론적 해석학herméneutique matérielle'은 해석학과 문헌학을 '해석의미론' 속에 통합시키며 다양한 텍스트들을 문화들의 기호학 안에서 생각하도록 한다고 말한다. 이 유물론적 해석학에 의해 뒷받침되는 '텍스트 의미론'은 '해석에 대한 언어적 제한들을 명시화'하면서 '문자 학문들'과 '정신 학문들'의 '재결합'에 기여한다는 것이다.

최성환(2006)은 해석학과 수사학의 존재 기반으로 '이성의 유한성과 한계에 대한 자각'을 말하고, 아벨(2000)은 '하나의 좋은 답이 있다는 것, 모든 걸 설명할 수 있는 하나의 이론'에 대한 수사학의 부정적 입장을 말한다.[37] 그는 이러한 '과학성과 합리성의 층위의 다수성에 대한 변론을 인간사들에서 수사학의 입장에 대한 변론'으로 본다. 번역의 번역문법적 이해와 분석 역시 불확실한 상황에서 다양한 요소들을 고려하여 선택을 하고 결정을 해야 한다는 점에서 수사(학)적이고 해석(학)적일 수밖에 없다. 베르만은 번역을 그 자체로 하나의 비평행위로 보았는데, 문학번역이 하나의 내재적 문학비평이듯이, 인문학번역도 그 자체로 하나의 내재적 '인문학비평'이 되어야 할 것이다. 그 과정에서는 '저자의 의도'나 '텍스트의 의도'의 파악뿐 아니라, 텍스트의 거의 무한한 해석 가능성에 대한 번역자의 끊임없는 문제 제기, 번역자의 원텍스트와 번역 텍스트의 의미에 대한 부단한 교섭negociation, 의사결정decision-making 과정이 되풀이되기 마련인데, 하나의 번역은 이러한 과정의 결과물이다. 언어-문화, 시니피앙과 시니피에, 텍스트와 맥락 모두를 고려하는 번역문법은 이러한 과정에서 해석학적 · 수사학적 접근에 힘입어 그 주요한 부분을 담당하게 된다.

### 에필로그—새로운 번역비평을 위하여

우리는 흔히 '아는 만큼 보인다'고 말한다. 이는 보이는 만큼 안다

37 본서 III. '4. 번역해석학과 번역수사학' 참고.

는 말이기도 하다. 오역이 만연한 것은 우선적으로 번역에 대해, 그 중요성에 대한 우리의 인식이 깊지 못하기 때문일 것이다. '대어역'도 하나의 '번역관'이다. 이러한 번역관이 어떠한 전제에 근거하고 있으며, 실제적인 결과가 어떠한가를 조금만 생각해 보더라도 우리의 번역문화는 적잖이 달라질 것이다. 인문학번역도 혹 정보전달 위주의 의역을 하더라도 전보다 더욱 섬세한 작업을 해야 할 것이고, 여기서 더 나아가, 베르만이나 메쇼닉의 '작품들'의 번역에서 제기된 '문자의 번역', '시적 번역', '형식과 내용'을 아울러 고려하는 번역, 글쓰기를 충분히 고려하는 번역이 되도록 우리는 부단히 노력해야 할 것이다. 마넬리(2006:82)는 '완벽한 것은 아무것도 없다는 전제가 바로 수사학적 방법론과 변증법 그리고 다원주의를 맺어 주는 본질적인 연결고리'라고 말하는데, 인문학번역이 지향하는 번역은 '완벽한 번역'이 아니라 수사학적 해석학적으로 그 타당성이 논증 가능한, 시니피앙과 시니피에를 모두 고려하는 섬세한 번역이다. 그리고 이를 위해서는 원텍스트와 번역 텍스트 자체를 번역문법을 통해 섬세하면서도 '두껍게' 그리고 '다르게' 읽을 수 있어야 한다. 문학번역이 문학작품의 '재구축'이 되어야 하듯이, 인문학번역은 인문학작품의 '재구축'이 되어야 할 것인데, 번역문법은 그 바탕이다.

오역비평을 포괄하면서 이를 넘어 번역에 대한 수사학적 · 해석학적 접근을 하는 번역문법은 그 자체로 하나의 번역비평이다. 이 번역비평으로서의 번역문법은 베르만 등이 말하는 '본격적인 번역비평'을 상당 부분 포괄하나, 이들 비평이 암묵적으로 함축할지 모르는 '이데올로기' 문제를 비껴가기 위해서도 텍스트의 기호적 측면, 즉 그 시니피앙과 시니피에들에 우선 초점이 맞추어져야 할 것이고, 그 수사는 가급적 '호의', '조언', '초대'의 수사를 지향할 필요가 있다. 로쉬리츠(2001/2:76-77)가 지적하듯이, 문학작품 번역은 '이국성'에서 '이국적 매력'을 느끼게 할 수 있어도, '성찰의 작품oeuvre de réflexion' 번역은 '불편함'이나 '적대적 반작용들'을 초래할 위험성이 없지 않다. 그리고 우리의 인문학 번역의 경우에는 그러할 개연성이 비교적 높다. 하지만, 저자도 지적하듯이, '성찰의 작품들'의 번역은 하나의 새로운 전망을 여는 것이다. 우리의 독자들이 그러한 전망에 공감하게 하려면 인문학번역자들의 각별한 노력과 구체적이며 지속적인 실천들이 필요하다. 이러한 과정에서 수사학적이고 해석학적이며 언어이론들과 번역이론들에 기반한 절충적이고 문제해결적인 번역문법은 인문학번역을 새롭게 성찰하는 계기가 될 수 있을 것이고, 번역비평은 이러한 번역문법을 통해 인문학번역의 '경험'과 '성찰'[38]들에 깊이와 너비를 더하는 새로운 기회가 될 것이다.

38 '경험'과 '성찰'은 '실천'과 '이론'을 대신하는, 베르만 번역론의 주요 개념이다.

# V. 번역비평과 해석

**프롤로그**

번역학이 번역 실천의 '개념화'를 주요 목적으로 하는 성찰의 학문이라면,[1] 번역비평은 번역비평 실천의 '개념화'를 그 주요 목적으로 하며 번역학의 결실들을 활용하여 보다 나은 번역 실천을 도모하는 성찰의 학문이라 말할 수 있다. 그러나 이 역시 번역 실천의 향상을 도모하는 것이 주요 목적이기 때문에 양자는 상당 부분 겹치기도 하여 때로는 엄밀히 구분하기가 어려운 것이 사실이다. 번역비평은 간략히 말하자면 '번역에 대한 평가적 혹은 비평적 성찰'이다. 평가와 비평이 뚜렷이 구분된다고 보기는 어렵지만 굳이 구별하자면, 전자가 우열을 가리거나 점수를 매기는 방향으로 작업이 이루어진다면, 후자는 보다 포괄적으로 다양한 측면들이 고려되는 보다 포괄적인 평가 작업으로 볼 수 있다.

'비평'이란 말 자체가 부정적인 함의를 가진 것으로 이해되기도 하나, 문학비평에서 보듯이 꼭 그러한 것은 아니다. 번역비평

1 Ladmiral(2006: 57).

도 가치중립적으로, 나아가 긍정적인 방향으로도 충분히 이루어질 수 있다. 지금까지 번역비평이 '잘못된' 번역들의 지적, 즉 오역비평에 주력하였다면, 앞으로는 '명역비평'을 개발하여 잘된 번역들을 드러내고, '좋은 번역의 방도'에 대한 '공론의 장'을 열어[2] '명역'에 대한 공감대를 넓히는 데 힘쓸 필요가 있다. 이러한 필요는 특히 인문학번역에서 절실하다. 번역비평의 번역문법적, 번역해석학적, 번역수사학적 측면을 고려하여 번역비평과 해석의 관계를 살피는 것은 이에 대한 의미 있는 선행 작업이 될 수 있을 것이다.

### 번역과 해석/이해

윤성우(2006:174-175)는 '번역은 해석'이라고 말한다. '번역이 이미 해석이라는 점은 번역학의 까다로운 문제 상황에서 확인될 뿐만 아니라, 해석학에서 해석에 대한 본래적 자기 정의에서도 확인된다'는 것이다. 사실 이해 못하면서 하는 '번역'도 없지는 않으나, 일반적으로 번역은 '이해' 없이 이루어질 수 없고, 이해도 대개는 '해석' 없이 이루어질 수 없다. 물론 직관적인 이해도 더러 있지만, 대개의 이해는—특히 이해에 어려움이 있을 경우—대화적이며 분석적인 해석을 거친다. 번역과 이해 사이에 해석이 자리하듯이, 번역과 해석 사이에는 '관찰'과 '분석'이 자리할 수 있다. 이 관찰과 분석이 제대로 이루어지지 않으면 해석도 적절하

2 오길영(2004:68) 참고.

게 되기 어렵다. 번역을 하고서도 '무슨 말인지 모르겠다'는 경우처럼 해석을 말하기 어려운 경우도 있고, 난해한 시 해독의 경우처럼 해석이 극대화되는 경우도 있으며, 번역자가 해석의 불가피성을 별로 인식하지 못할 수도 있고 잘 알아 활용할 수도 있으나, 원칙적으로 번역과 해석은 불가분의 관계에 있다. 빌헬름(2004:771)에 의하면, 해석학 전통에서, 특히 가다머와 리쾨르에게서 '번역은 해석의 모델'이다.[3]

에지트ESIT의 '해석이론'은 번역을 크게 이해, 탈언어화, 재현의 세 단계로 이루어지는 작업으로 본다. 이 이론에서 해석의 중요성은 번역을 '이해'라는 해석 과정과 재현에 포함된 '검증'이라는 해석 과정의 '이중 해석' 개념을 설정하고 있다는 데에서도 잘 드러난다.[4] 이 이론에서 '이해'는 의미 포착의 해석 과정이다.[5] 이 이해과정에서 수용자는 해석의 주체로서 언어적 발화들을 기존의 인지 내용에 기반하여 해석한다. 즉 이해 과정은 해석을 함축하며, 번역하기 위해서는 해석을 해야 하는 것이다. 해석이론에서 해석의 대상이며 이해의 결과인 담론(혹은 텍스트)의 '의미'를

---

3 김운찬(2005: 6): "출발 텍스트가 말하고자 하는 것을 다른 언어로 말하기 위해서는 먼저 해석이 선행되어야 한다."

4 Seleskovitch/Lederer(1984) 참고.

5 Hurtado Albir(2005: 168)는 이 이해 과정에서 해석이론이 강조하는 요소 다섯 가지로, 언어 외적 지식의 중요성, 모든 이해 과정의 해석적 성격, 번역 과정에서의 이해 단계의 특수성, 묵시적 의미와 명시적 의미의 역할, 기억의 역할을 들고 있다.

'비언어적', '인지적'이라고 보는 알비르(2005)는 이 의미가 '인지적 회상'으로 규정된다고 말한다. 이해 단계의 도착점이며 재현 단계의 시발점인 '탈언어화'는 그래서 설정된 것이라는데, 의미가 과연 그 '지주' 없이 존재할 수 있는가 하는 문제 때문에 '탈언어화'는 여전히 상당한 논란의 대상이다.[6] 해석이론의 해석이 직관의 차원에 크게 의존하고 있는 것 또한 문제로 보인다.

번역에서의 해석의 대상에 대해서도 상당한 견해 차이가 있다. 에지트 출신자들 대부분은 텍스트의 시니피앙들의 의미에 대해서는 별 중요성을 부여하지 않고 있으며,[7] '문자역traduction littéral'을 주장하면서 의미에는 관심을 덜 갖는 것으로 보이는 성경 번역자들도 있다. 물론 텍스트에서 어떤 형태나 시니피앙의 선택이 전하고자 하는 '정보'에 큰 영향을 미치지 않는 경우도 상당히 있으나, 그렇다고 해서 '어'라고 하나 '아'라고 하나 마찬가지인 것은 아니다. 다만 차이가 거의 중화되거나 무시될 수 있을 뿐이다. 문학번역에서는 시니피앙이나 표현들, 나아가 리듬 같은 요소들의 중요성이 훨씬 커진다. 그렇다면 번역자는 이러한 다름이나 차이들을 해석하고 이해하여 번역에 반영할 수 있어야 할 것이다. 문학번역 등의 인문학번역을 위해 우리가 할 수 있는 것은 텍스트를 보다 자세히 읽고 그에 대한 문제 제기와 나름의 답들을

6 Ladmiral(2006) 참고.

7 그렇지만 에지트에서 드문 문학번역 전문가인 Israël(1990: 38)은 형태가 의미 구성에서 온전한 역할을 할 수 있음을 인정한다.

통해 우리의 이해를 보다 깊게 하는 것이다. 텍스트는 최종적으로 기호들의 조합의 형태로 주어지기 때문에, 이러한 문제 제기의 첫 단계는 텍스트의 기호들과 그 구성의 특징들에 유의하는 것이다. 왜 B 대신 A가, 또 왜 Y 대신 X가 선택되었는가 하는 것은 중요한 문제이다. 설사 그러한 선택들을 원저자가 충분히 의식하지 않았어도, 번역자, 특히 번역 비평자는 명시적으로 의식적으로 문제를 제기해야 한다. 때로는 번역자가 원저자보다도 텍스트를 보다 자세히 이해해야 적절한 번역을 할 수 있다.[8]

발라르(2002:29-31)는 번역자는 의미에서 출발하는 것이 아니라, 눈으로 먼저 '읽어야' 하고 하나의 '의미를 구축'하기 위해 '해석'을 해야 하는 의미를 가진 형태들로 구성된 텍스트에서 출발한다고 말한다. 저자는 '이렇게 구축된 의미는 번역자가 텍스트에 부여하는 의미인데, 이 의미는 저자의 의도, 다른 독자들의 해석들과 다소간 차이가 날 수도 있다'고 지적한다. 특히 그는 번역이란 '섬세하고 주의 깊은 읽기'이며, '간섭 현상들에 의해 지배되는 읽기'라는 점을 강조한다. 번역이 섬세한 읽기이어야 하는 것은 번역의 대상이 의미이고 의미는 '보이는 것'뿐 아니라 '보이지 않는 것' 그리고 '하찮게 여겨지는 것'들까지도 인지해야 하기 때문이라는 것이다.[9] 우리의 번역문화는 이 읽기의 중요성을 충

8 전성기(2007c) 참고.

9 Ballard(2002: 31-38)는 '보이는 것 읽지 않기'는 '누락'으로, '보이지 않는 것 읽기'는 '생략 읽기'라고 말하고, '부수적인 성분 읽기'에서는 '구두점', '대

분히 인식하지 못하고 있는 것으로 보인다. 텍스트는 저자로부터 어느 정도 '의미적 자율성'을 가지기에 읽는 사람에 따라 다르게 읽힐 수 있지만,[10] 그렇다고 텍스트를 자의적으로 읽을 수 있는 것은 물론 아니다. 외국어 문법서들이 지금과 달리 원텍스트들의 독해 문법서 내지 번역 문법서식으로 만들어져 원텍스트와 번역 텍스트의 읽기를 도울 수 있다면 우리의 번역문화는 상당히 개선될 수 있을 것이다.

발라체스쿠/쉬테파닌크(2005:635-637)는 번역해석학자들이 번역자를 더 이상 원텍스트와 번역 텍스트 '사이'의 중개자나 의미의 '이송자'로 보지 않는다고 말한다. 또한 이들은 번역된 의미는 수신자/번역자의 개인적 체험과 함수관계에 있기 때문에, 번역에서 객관성에 도달한다는 것, 나아가 '저자가 말하고자 하는 바'를 되찾는 것은 헛된 일이라 말한다. 번역자는 그가 이해한 것, 즉 그의 머릿속에 있는 것을 번역할 수 있을 뿐이라는 것이다. 이들은 이렇게 의미가 텍스트 속에 '있는' 것이 아니라 텍스트와 수신자 사이의 대화에 의해 '구축'되는 것이기에 텍스트를 자신의 체험, 지식에 의거하여 이해할 수밖에 없는 것으로, 그래서 번역자는 '해석의 원' 혹은 '해석학적 원'이라는 나선형의 상승 곡선을 끊임없이 그려야 하는 것으로 이해한다. 빌헬름(2004:771)은 가다머에게 해석은 '이해의 작용 양식'이라 말하는데, 번역에서

문자', '이탤릭체'들을 언급한다.

10 리쾨르(2006) 참고.

의 이 과정은 부단한 의미 교섭과 선택의 과정이요 의사결정의 과정이다.[11] 리쾨르(2006:138)는 '번역가의 과제'를 '단어에서 시작해서 문장으로, 텍스트로, 문화 전체로 나아가는 것이 아니라, 오히려 그 반대로 나아가야 하는 것'이라고 하였으나, 번역 과정이나 번역비평에서는 그 반대 방향의 읽기를 통해 그 해석의 타당성을 검토해 볼 필요도 있다.

번역비평에서는 원칙적으로 번역본(들)과 원본의 읽기와 이들의 비교 검토가 필요한데, 이 과정에서 번역 텍스트는 내가 읽은 것이 아니고, 내가 이해한 것은 번역자가 옮긴 것이 아니며, 내가 이해한 것은 번역자가 이해한 것이 아닐 수 있다. 그래서 번역은 '동일성'의 문제가 아니라 '근접' 혹은 '최대 근접'의 문제이다. 이러한 최대 근접을 위해서는 '충실'하기 위해 '배반'을 하는 이율배반적인 경우들에 봉착할 수도 있다. 이러한 근접에 대해서는 여러 변수에 따라 그 판단이나 평가가 달라질 수밖에 없다. 번역의 목적, 번역의 대상, 원텍스트의 종류, 번역의 독자, 번역 언어(원어역인가 중역인가), 번역관 등에 따라 이 근접의 정도나 양상은 달라질 수밖에 없는 것이다. 그래서 번역비평은 성급한 판단을 내리기보다 감정이입적인 세심한 대화적 읽기를 시도할 필요가 있으며, 그렇게 해서 얻어진 해석과 이해에 대해서도 검토에 재검토를 거칠 필요가 있는 것이다.

---

11 Gile(2002), 라보(2002) 참고.

### 오역비평과 번역문법

번역비평이 실제적 번역비평들의 개념화를 목표로 한다면, 한국 번역문화의 두드러진 문제인 오역 문제를 짚고 넘어가지 않을 수 없다. 오역은 해석의 관점에서 말하면 잘못된 이해, 오해에서 비롯된 것들이고, '일반의미론'적으로 말하면 대부분 성급한 평가나 평가의 오류들로 인한 것들이다. 시각에도 착시가 있듯이 생각에도 착각이 있는데, 잘못된 언어관이나 번역관이 이러한 착각의 주요 원인일 수 있다. 번역 과정에서도 혹 평가의 오류가 없는지 계속 살피지 않는다면 충분히 피할 수 있는 오역들도 범할 수 있다. 단세트(1989:83)는 이해를 대부분의 번역이론가와 번역교육자가 번역의 '필수불가결의 조건'으로 간주하면서도 '몰이해'는 거의 타부가 되어 있다고 지적한 바 있는데, 이러한 상황이 크게 개선된 것 같지는 않다. 우리의 경우에는 실천면에서 이 '필수불가결의 조건'이 충족되지 못한 번역들이 너무 많은 것이 무엇보다 큰 문제이다. 최신한(2007:30)은 해석학은 가능한 한 오해를 피하고 이해에 이를 수 있는 방법에 대한 모색이라고 설명한다. 오해가 이해를 가로막는 걸림돌이기 때문에 해석학의 과제는 '말과 사고 과정의 재구성에서 나타나는 난점을 예방하는 것'으로 규정된다는 것인데,[12] 이를 번역 측면에서 살피는 것이 번역해석학이 될 것이다. 번역비평과 그 주요 부분을 이루는 번역문법은

---

12 이선관(2003)도 '오해'의 개념을 보편화한 것이 슐라이어마허 해석이론의 특성이라 지적한 바 있다.

'번역수사학'과 더불어 이러한 '번역해석학'을 적극 활용해야 할 것이다.

흔히 오역비평은 번역비평과 동일시된다. 김효중(1998)은 번역비평의 기본적인 목적을 원본과 번역본의 비교를 통해 오류가 있는지 찾아내고 그 오류의 원인이 어디에 있는지 확인하는 데 있다고 보았고, 이상원(2006)도 번역비평의 지적 사항들은 98% 이상이 잘못된 점에 대한 비판이고 긍정적인 지적은 거의 없다고 말한다. 한국 번역비평에서 하나의 획을 그었다고 평가될 만한 영미문학연구회 번역평가사업단의 역작《영미명작, 좋은 번역을 찾아서》1, 2권도 일종의 오역비평서이다.[13] 이들이 내세운 충실성과 가독성이라는 '좋은 번역'의 기준들도 우선적으로 오류의 빈도를 따지기 위한 기준, 말하자면 오역비평의 기준들이다. 그런데 1권의 경우, 최종 검토본 572종의 '영미명작' 번역들 가운데 비추천본들이 무려 89%에 이르고, 2권의 분석 결과도 이와 별다를 바 없다.

비추천본이 9할에 이른다는 이러한 난감한 번역 현실 때문에라도 오역비평은 분명 필요하다. 그러나 이제 '맞다/틀리다'라는 이분법적 판단에 입각한 단순 오역비평은 넘어서야 하며, 그 대안들도 설득력 있게 제시되어야 한다. 이를 위해 번역비평은 언어학과

---

13 이들은 '이 작업에서 우리의 1차적인 관심은 본격적인 번역비평이라기보다는 그 비평의 대상으로 삼을 만한 번역본들을 걸러내는 기본적인 수준에서의 평가'라고 서문에서 밝히고 있다.

번역학을 비롯하여 해석학이나 수사학 등 관련 연구들의 도움을 받아야 할 것이다. 그리고 백과사전적인 지식들도 폭넓게 검토하며, 오역이나 번역 오류들을 보다 면밀하게 관찰하고 보다 세밀하게 분석해야 할 것이다. 레카나티(1984)에 의하면, 분석철학은 '과학적 정신'과 결부되는 명확성과 절제, 논거의 명시, 주장과 논거의 정밀성과 세밀성 등에 의해 특징지어진다. 이를 통해 철학자들 사이의 토론과 상호 비판이 가능해지며, 그렇게 함으로써 분석철학의 또 다른 중요한 특성의 하나인 '주관상호성'에 도달할 수 있게 된다는 것이다. 이러한 의미의 주관상호성은, 경우에 따라 엄밀성이나 섬세함에서 다소간의 차이는 있을 수 있겠으나, 번역과 번역비평도 마땅히 추구해야 할 방향으로서, 번역비평자들 간의 '주관상호성' 구축의 시도가 매우 절실하게 필요하다.

발라르(2002:54)는 '오류 관찰은 훌륭한 번역물들을 검토하는 것만큼이나 번역이론에 도움이 된다'고 조언한다. '번역이론 정립을 위한 오류 분석은 인간의 정신적 또는 육체적 기능을 이해하기 위해 기능장애를 연구하는 것만큼이나 필요하다'는 것이다. 그런데 오역은 오역을 말하는 평가자나 비평자에 의해 드러나는 문제인 만큼, 오역을 관찰 분석하고 그 극복 방법을 모색하기 위해서는 그 준거의 틀이나 테두리가 있어야 할 것이다. 그리고, 위의 몇 사례에서도 확인되는 것처럼, 우리 번역문화의 당면 문제, 가장 시급하게 해결해야 할 문제가 오역 문제라면, 우리의 번역학이나 번역비평 연구는 당연히 이 문제에 천착해야 할 터인데,

언어-문화-맥락의 '문법'이라 할 수 있는 '번역문법'은 그러한 연구의 기본적 준거가 되고, 그러한 역할의 일단을 담당할 수 있도록 탐구되어야 할 것이다. 특히 번역문법은 결과로서의 번역뿐 아니라 과정으로서의 번역도 그 탐구와 분석의 대상으로 삼아야 할 것이다.

지금까지의 오역에 대한 담론들은 기존의 번역들에 대한 단편적인 규범문법적 담론들인데, 건설적이며 생산적인 번역비평을 위해서는 그 토대 역할을 할 수 있는 '생산적' 번역문법이 필요하다. 앞서 보았듯이,[14] 라드미랄(1987)은 '오늘'의 번역학을 '생산적' 번역학이라 부른다. 이 '생산적' 번역학은 번역 실천을 용이하게 해 줄 목적의 '편익적' 담론들로 이루어지는데, 이들은 번역자의 번역상의 심리적 고충이나 고통들을 일시적으로나마 해결해 준다는 점에서 '치료적 담론'이라고도 불린다. 이와 비교하여 말하자면, '생산적' 번역문법은 '법칙'이나 '규칙'들이 아니라, 원텍스트와 번역 텍스트의 언어-문화[15] 문법과 원텍스트의 맥락상의 관계 혹은 상호작용을 텍스트 내용과 관련된 연구들을 포함하여 언어이론, 텍스트이론, 번역이론, 문화이론 등 다양한 재료들로 이루어진 혼합적인 열린 담론이다. 이 번역문법은 왜 어떤 번역이 잘못되었는지 혹은 문제가 있는지 진단을 하고 그 처방도 일

---

14 본서 III. '3. 번역 문법, 번역학 번역비평' 참고.

15 언어와 문화는, 몸과 마음이 그러한 것처럼, 낱말상으로 보는 것과는 달리, 실상은 분리가 되지 않는다. 이를 일반의미론에서는 '비요소주의'라 말한다.

러 주는 임상문법의 역할도 해야 한다.

번역문법은, 위에서 말했듯이, 번역 텍스트를 원텍스트와 비교하여 세밀하게 읽고 평가하기 위한, 다양한 분야들의 지식으로 구성된 절충적, 임상적 성격의 열린 담론이다.[16] 번역문법은 원텍스트가 어떻게 쓰여 있는지 읽어 내는 데에도 필요하고, 그렇게 읽어 내고 해석된 것들이 적절히 재현되었는지 평가하는 데에도 필요하다. 이때 특히 중요한 것은 맥락이다. 좁은 의미의 맥락이건 넓은 의미의 맥락이건 이 맥락을 읽어 내고 텍스트와 맥락의 상호 작용을 해석하고 이해하지 못한다면 번역이나 번역비평이 제대로 이루어질 수 없다. 번역이나 번역비평에서 우리에게 무엇보다 필요한 건 '쩨쩨하다 싶을 정도로 모든 것을 섬세하게 차근차근 따져보는 것'인데,[17] 이는 번역해석학적 탐구의 길이기도 하다. 쉬톨제(2004:41)는 '우리의 이해는 우리가 아는 것에 달린 것'인데도 불구하고, 텍스트의 전언 포착의 바탕이 되는 번역자의 '지식 기반'이라는 일차적인 문제를 소홀히 하고 있다고 비판하는데, 이는 여전히 우리 번역문화의 취약점이다.

지금의 번역비평은 주로 '랑그 차원의 것들'을 기준으로 하고 있다는 혐의를 받고 있다. 이상원(2006)의 《한국 출판 번역 독자들의 번역평가 규범 연구》는 '한국의 번역비평 담론에서 작동하고 있는 번역비평 규범을 규명해 보려는 시도'인데, 저자의 분석

16 전성기(2007a: 248).

17 강대진(2004: 36) 참고.

결과, 현행 번역비평의 가장 중요한 기준으로 나타난 '도착 텍스트의 효율성 규범'과 '출발 텍스트와의 관련성 규범'으로 분류된 번역비평 지적 사항의 절반 이상이 단어, 구문 등 문장 이하의 수준에서 이루어져 있음이 드러난다. 정혜용(2006b)은 이 두 가지 번역비평 기준이 명칭은 다르지만 '가독성'과 '충실성'이라는 고전적 개념들과 별반 다를 것이 없다고 본다.[18] 그래서 평자는 문장 이하의 수준의 것들을 번역비평의 대상으로 삼는 것은 랑그를 번역비평의 대상으로 삼는 것이고 문학번역가의 번역 실천은 텍스트 차원에서 이루어지는 것이기에, 랑그를 대상으로 하는 '가독성'과 '충실성'이라는 두 '잣대'는 '궁극적으로는 폐기되어야 할 비평기준'이라 주장한 것이다.

하지만 이러한 폐기론은 다소 성급한 주장이라는 생각이 든다. 이 두 기준은 텍스트 차원에도 충분히 적용될 수 있고, 위의 평가사업단에 대한 정영목(2004)의 '단상'과 그에 대한 오길영(2004)의 '답변'에서도 이 두 기준의 기본적 유용성은 잘 드러나고 있다.[19] 또한 국내외의 번역학과 번역비평 담론들에서도 이 두 기준에 관한 논의들이 여전히 다양하게 이루어지고 있다.[20] 그러나 번역에서 문제가 되는 의미가 랑그상의 의미가 아니라 담론상의 의

18 정혜용(2006b: 7)은 '전통적으로 가독성은 의역론과, 충실성은 직역론과 짝을 이루어 나타났'다고 지적한다.

19 영미문학연구회의 번역평가사업단의 일원인 오길영(2004)은 문제의 기준들이 '소극적 의미의 기준만이 아니라 공론의 장을 통해 형성되는 객관적인 평가의 틀을 세우려는 적극적인 의지의 표현'이라 표명한다(74).

미, 텍스트상의 의미라는 데에는 전혀 이의가 없다. 이 번역의 대상에는 맥락상의 문법 의미, 어휘 의미와 구문의 의미를 포함한 시피니앙들의 의미나 리듬의 의미 등 다양한 요소들이 포함되는데, 중요한 것은 이러한 다양한 의미들 중에서 '변별적 의미들', 보다 정확히 말해 '변별적인 의미들'로 해석되고 이해되는 것들을—목적에 따라 다르긴 하겠지만—가능한 한 최대로 포착하여, 이들을 적절한 번역글쓰기를 통해 재현해 내는 것이다. 이 변별성의 판별을 위해서는 상황 의미와 텍스트 맥락을 충분히 고려하는, 텍스트에 대한 포괄적 판단이 필요하다. 그리고 이러한 판단을 위해서는 텍스트의 시니피앙들이 허용하는 의미와 그렇지 않은 의미들을 잘 살피는 것이 중요하다.

아고스티니-콰피(2006:50)는 번역에서 각 결정은 맥락과 관련되어 이루어지는데, 맥락의 이해는 해석 행위이고, 해석 행위는 하나의 순환을 함축한다고 말한다. 우리는 하나의 텍스트 전체에 대해 가정을 하고 각 부분은 이를 확인해야 하지만, 텍스트의 각 부분은 포괄적인 해석적 가정이 없이는 이해될 수 없다는 것이다. 원텍스트나 번역 텍스트나 텍스트의 이해를 위해서는 '해석의 원'의 나선형적 진전 과정이 충분히 이루어져야 할 것이다. 슈

20 Agostini-Quafi(2006: 50-51)는 번역의 충실성의 이유들을 확립하기 위한 명료한 하나의 기준이 없더라도 충실성은 번역평가에서 명백한 하나의 원리로 남아 있어야 한다고 주장한다. 충실성의 기준들은 주어진 문화에서 시대에 따라 바뀔 수 있으나 이 원리는 번역의 텍스트의 짜임새를 일관성 있게 특징지어야 한다는 것이다; Cuéllar(2002), Emery (2004) 참고.

라이어마허가 지적하였듯이, 작품의 이해가 그 첫 출발부터 언제나 '이해의 불확실성'을 내포하고 있다면, 번역자는 '선이해'와 '선입견'의 불가피성을 인정하고 의미의 이해에 보다 깊은 주의를 기울여 의미에 대해 부단히 질문을 제기해야 할 것이다. 그러기 위해서는 맥락이나 상호텍스트성은 물론 다양한 자료들의 도움도 적극 받아야 할 것이다. 그런데 실제 번역에서는 이 '해석의 원'을 고려한 텍스트 읽기가 제대로 이루어지지 않고 있고, 이것이 상당수의 오역이나 미흡한 번역들의 원인이 되고 있다.

번역비평 담론들의 '소통' 방식도 자주 문제가 되고 있는데, 포스/포스(2003)는 다섯 가지 수사양식을 구분한다. '정복의 수사', '바꿈의 수사', '호의의 수사', '조언의 수사', '초대의 수사'가 그것들인데, 적어도 우리의 대부분의 번역비평 담론들은, 앞서도 보았듯이, 앞의 두 양식, 특히 '전투의 수사'라고도 불리는 '정복의 수사' 쪽에 상당히 기울어져 있다.[21] 우리가 열악한 번역문화

---

21 정혜용(2006: 3-4): "이 책〔이재호(2005)〕을 읽다 보면 한국 번역계를 대표한다는 번역자가 게으른 손이 저지른 불성실을 타고난 글재주로 때우려고 든 것에 대한 분노 섞인 실망감과, 번역자 개인에 대한 이해할 수 없는 적개심으로 똘똘 뭉친 듯한 번역비평가의 비이성적 비평방식에 대한 절망감이 상승작용을 일으키면서 번역계 전반에 대해 만정이 떨어지고 만다. 비평 대상이 되고 있는 번역자나 비평을 하고 있는 번역비평가 둘 다 우리 번역문화의 미성숙을 상징하는 것은 아닐까라는 자괴감이 들 정도다. 이렇듯, 대체로 번역비평의 대상이 되어서 치명상을 입지 않고 무사히 빠져나오는 번역가가 드문 현실임을 떠올려 보면, 번역가와 작가의 비평 수용 양상이 다를 수밖에 없다는 것은 수긍할 만하다."

를 극복하고 새로운 번역문화의 구축을 통해 견실한 번역문화와 진정한 의미의 번역인문학적 토대를 마련하려면 번역비평의 수사도, 충분히 타당한 근거들을 제시하되,[22] 호의의 수사, 조언의 수사, 나아가 초대의 수사를 지향하는 것이 바람직할 것이다. 섣불리 상대방을 바꾸려들기보다 스스로가 바뀔 위험을 먼저 기꺼이 감수하려는 '초대의 수사'적 태도가 필요한 것이다. 이는 리쾨르(2006)가 말하는 '언어적 환대'를 실천하는 하나의 방식이라고 생각된다. 윤성우(2006:191-192)는 '언어적 환대로서의 번역'을 적극 권한다. 이는 '자신의 이타성'을 만나도록 하는 것이며, '원문을 창조적으로 배반함으로써 수용 언어를 통해 창조적인 자기화가 이루어지도록 하는 것'인데, 이는 '초대의 수사'로 나아가는 길이기도 하다.[23]

### 언어의 특성과 번역 화법

번역에서의 해석의 불가피성과 이에 따른 번역비평에서의 해석 측면의 고려의 중요성은 언어의 특성이나 번역의 화법적 성격과 무관하지 않다. 먼저 다양한 과학적 연구들의 연구 성과들을 확대 적용하고자 하는 코르지프스키의 '일반의미론' 측면에서 언어를 살펴보자. 일종의 평가 이론인 이 이론은 '비아리스토텔레스

22 Gile(1995: 6)이 근거들이 타당한 번역비평들은 보기 드문 '희귀품'이라고 지적한다.

23 세계화시대의 '번역자의 윤리'로서의 '함께 하기'에 대해서는 Laygues(2006) 참고.

적'이라 표방되는, '지도는 현지가 아니다', '지도는 현지의 모든 것을 다 표현하지 않는다', '지도는 재귀적이다'라는 세 원리 혹은 전제를 내세운다.[24] 비동일성 원리, 비총칭성 원리, 재귀성 원리로 불리는 이 세 전제는 언어 차원에서는 각각 '낱말은 사물이 아니다', '낱말은 사물 전체를 나타내지 않는다', '언어는 재귀적이다'로 이해되는데,[25] 언어 일반의미론의 근본적 원리들이다.

번역의 관점에서 보면 '현지1'은 저자가 나타내고자 한 그 무엇이고, 원텍스트는 '지도1', 번역 텍스트는 '지도2'가 되는데, 우선 이 언어지도1이 현지1이 아니라는 것은 전자가 후자에 대해 '전부'를 말하는 것이 아니라는 말이기도 하고, 전자가 후자의 '유일무이한' 지도가 아니라는 말도 된다.[26] 사실, 언어는 경험을 대신하거나 복제할 수 없으며, 단지 가리키거나 분류하거나 기술할 수 있을 뿐이다.[27] 낱말이나 텍스트는 사물 전체를 나타내는 것이 아니라 일부 특징만이 '추출된' 혹은 '추상화'된 결과일 뿐이다. 그 전체가 어떠한 것인지 알기 위해서는 해석과 추론에 의지하지 않을 수 없다. 설령 번역자가 지도2를 통해 현지1에 매우 근접한

24 Kodish/Kodish(2001) 참고.

25 Saucet(1996: 76) 참고.

26 라포포트(1995)는 '지도'와 '현지'와의 관계에 대해 다음의 4가지를 지적한다.

1. 지도의 정확성은 그것을 작성할 때의 측정 여하에 달려 있다.
2. 가장 잘된 지도라도 조만간 그 효력이 상실된다.
3. 지도의 종류 여하에 따라 각기 상이한 내용을 담을 수 있다.
4. 현지의 영역이 확대되면 될수록 이에 실린 기재 내용은 적어진다.

현지2를 그려냈다 할지라도 이 두 현지가 동일하다는 보장이 없고, 지도2의 해독자, 즉 번역 독자들이 번역자의 현지를 똑같이 그려낸다는 보장도 없으며, 번역 독자들이 그려 내는 현지들이 원저자의 현지1과 동일하리라는 보장은 더더구나 없다.

일반의미론 학자 소세(1996:161-162)는 주제가 어떤 것이건, 독자는 책에서 저자의 내포적 세계에만 접근이 가능하다고 말한다. 그래서 여행에 관한 책이라면 저자가 기술하는 것은 풍경이나 주민들이 아니라 그의 머릿속에서 일어나는 것이고, 그가 본 것을 독자는 알 수 없다는 것이다. 그가 전하는 것은 단지 그가 낱말들로 표현한 현실의 하나의 추상물이며, 이러한 경험의 언어화는 저자가 사용하는 어휘들의 풍부함과 그가 낱말들에 부여하는 의미들에 달려 있다는 것이다. 그래서 그는 '저자가 보는 것은 현실이 아니다', '저자가 쓴 것은 그가 생각하는 것이 아니다', '독자가 읽는 것은 저자가 쓴 것이 아니다', '독자가 해석한 것은 독자가 읽은 것이 아니다'라고 말하는 것이다. 그는 서술자가 '지각'한 사건과 독자가 그 사건에 대해 갖는 생각 사이에는 독자들 각자의 개성과 연관된 일련의 연속적 추상 작용들이 존재한다고 말한다. 이는 번역의 경우에도 마찬가지이다. 소세(1996:162)는 '번역의 경우, 해석자의 능력이 여하하든 동일한 이유들로 인해 독자가 저자의 세계에 충실하게 참여하기를 기대하는 것은 헛된 일'이라고 지적한다. 번역자의 '재능'과 그에 따른 번역의 '성공'

27 Johnston(2000: 2).

을 이야기할 수 있는 것도 바로 그러한 연유 때문이라는 것이다.

실제의 번역 과정은 '읽은 것 → 이해한 것 → 옮긴 것'식의 단방향 진행이 아니다. 대개는 피드백이 중간에 계속 개입하게 되며, 이는 번역비평 작업에서는 더욱 두드러진다. 제대로 읽었는지 알기 위해서는 원텍스트로 돌아가야 하고, 제대로 이해했는지 알기 위해서는 다시 읽어야 하며, 제대로 옮겼는지 알려면 이해한 것, 나아가 읽은 것으로 다시 되돌아가야 한다. 소세를 좇아 번역 과정을 일반의미론적으로 살피면 대략 다음과 같다:

- 저자가 '써놓은 것'은 그가 '생각한 것'이 아니다.
- 원텍스트는 내가 읽은 것이 아니다.
- 내가 '읽은 것'은 내가 '해석한 것'이 아니다.
- 내가 해석한 것은 내가 '이해한 것'이 아니다.
- 내가 '이해한 것'은 내가 '옮긴 것'이 아니다.
- 내가 '옮긴 것'은 독자가 '이해하는 것'이 아니다.

일반의미론은 올바른 평가를 위해 외연적 접근을 적극 권장한다. 존스턴(2000:5)은 내포적 평가는 낱말들을 경험에 앞세우는 것이고, 외연적 평가는 경험을 낱말들에 앞세우는 것이라 말한다. 외연적으로 이해되지 않은 낱말의 의미, 문장의 의미는 언어세계에 머물 뿐, '현실'과 연결이 되지 않는다는 것이 일반의미론 학자들의 생각이다.[28] 핌(1993:115-116)의 주장처럼, 번역의 '등가'가 세미오시스의 시발점에 주어진 것이 아니라면, 그리고 우리의 번역 읽기가 실제로는 입증되지 않으며 이론상으로도 입증될 수 없는 등가에 관한 일련의 '공유된 믿음'에 근거하고 있는 것이라면, 저자의 '현지'와 독자들의 '현지'의 간극, 괴리, 거리를 좁히기 위해서도 추론과 해석에 적극 의존할 수밖에 없다. 나아가 그 결과의 타당성을 확보하려면 대화적 수사적 설득 혹은 납득의 과정을 거쳐야 한다.

우리가 번역을 할 수 있는 것은 근본적으로 위에서도 언급한 바 있는 언어의 '재귀성' 덕분이다. 자연어의 메타언어적 기능은 이 재귀성에 기인한 것이고, 번역비평이 가능한 것도 실은 이 재귀성 덕택이다.[29] 이 재귀성을 활용한 메타언어적 행위는 모국어 사용 상황에서는 그렇게 빈번하게 이루어지는 것이 아니나, 번역은 메타언어적 행위의 연속이고 더구나 번역의 적절성을 살필 때에는 다른 언어표현이나 상황을 대치요소로 고려도 해야 하는 상당히 추상적인 행위라서 전체적으로는 자연스러운 행위로 보기 어려운 측면이 있다. 그래서 거의 완벽한 이중어 사용자 중 번역을 잘 못하는 사람도 있게 되는 것이다. 하지만 번역과 번역비평을 위해서는 이 '재귀성'을 '성찰'의 방향으로 이끌어야 한다.[30] 발라

---

28 전성기(2007a) 참고.

29 리쾨르(2006: 97)는 언어의 재귀성을 '언어가 언제든지 스스로에 대하여 논할 수 있고, 거리를 둘 수 있고, 그럼으로써 모국어를 기타 여러 언어들 중의 하나처럼 간주할 수 있'는 능력으로 규정하고 있다.

30 영어와 프랑스어에서는 'reflexivity'와 'réflexivité'가 다의적으로 '재귀성'과 '반성성'(혹은 '성찰성')을 뜻한다.

르(2005:51-52)는 대학 번역교육에서 번역의 실천적 배움과 이론적 배움이 '반성적réflexive'으로 '성찰적'으로, 그리고 양자가 유기적으로 이루어질 필요가 있음을 강조한다. 저자는 번역교육에서 '성찰'이 중요하다며 이 성찰을 위해 '번역에 대해 담론을 할 수 있는 능력 함양의 필요성'을 강조하는데, 번역비평의 교육을 위해서는 더 말할 나위 없다.

다의성도 재귀성과 더불어 짚고 넘어가야 할 언어의 특성인데, 자연어의 대부분의 어휘들, 특히 빈번히 쓰이는 어휘들은 거의 예외 없이 다의어들이다. 이중어사전의 다의어에 대한 풀이들이 엄밀하게 말해 모두 다의성의 해석들은 아니나, 중요한 것은 이 의미들이 사실은 원칙적으로 랑그상의 의미가 아니라 텍스트 혹은 상황 속의 의미일 수밖에 없고, 또 사실 그래야 이중어사전이 번역사전에 가까워지는 것이다. 이 의미들 중 어느 것이 실현되는가 하는 것은 맥락이나 상황에 달려 있다.[31] 이 의미 실현에 대한 판단을 위해서는 텍스트의 의미가 개별적인 구성 어휘들의 의미의 합을 넘어선다는 것도 고려해야 하지만,[32] 언어 외적 지식의

31 예를 들어, 클레오파트라의 코에 관한 파스칼의 유명한 구절 's'il eût été plus court'를 번역자들은 거의 예외없이 '클레오파트라의 코가 조금만 낮았더라면'이라 번역한다. 하지만 이때 기준이 되는 코는 그리스 조각상들에서 보는 것처럼 양미간에서 시작하는 그러한 코이다. 이와 대비되는 코는 조금 더 아래쪽, 예를 들어 양 눈 사이쯤에서 시작하는 코를 뜻하는 것일 터인데, 그래도 'court'를 '낮다'라고 해석할 수 있을까? '낮다'라는 해석은 우리 문화 혹은 동양문화식의 '병합적' 혹은 '귀화적'인 해석으로 보아야 하리라는 생각이 든다.

32 Balacescu/Stefanink(2003: 511) 참고.

역할도 충분히 고려되어야 한다.[33]

번역은 화법의 관점에서 고찰할 수도 있는데, 예를 들어 보네(2006: 21-22)는 번역을 일종의 '자유직접화법'으로 본다. 표면상의 전달 담론의 주체(번역자)의 삭제로 득을 보는 것은 전달된 담론의 주체(저자)이다. 목표언어로의 재발화는 원천언어 담론의 단순 복원처럼 보이지만 이는 겉모습에 지나지 않는데, 이는 전달 담론과 피전달 담론이 늘 명료하게 구분되고, 대화적 관계 속에 공존하며 전달 담론이 피전달 담론에 분석적, 설명적, 해석적, 비판적 기능을 행사하는 간접화법의 성격도 번역에 있기 때문이라는 것이다. 저자는 번역에는 담론의 해석이 함축되기 마련이라고 지적한다. 그 담론이 아무리 저자의 발화나 의도에 충실하다 할지라도 번역자는 원텍스트에 대한 자신의 '버전'만을 산출할 수 있을 뿐이라는 것이다. 바로 그렇기 때문에 번역이 전달 화법의 '특별한 한 양식'으로 간주되어야 한다고 저자는 주장한다. 그는 번역을 '직접화법으로 가장된 독특한 모습의 간접화법'으로 규정

---

33 사전을 어떻게 활용하느냐 하는 것은 번역을 위해 매우 중요한 문제이다. 번역에 필요한 모든 다의적 예들이 이중어사전들에 나와 있는 것이 아니기 때문이다. 이중어사전의 뜻풀이들이 번역에서 만나는 새로운 맥락들에도 적합하리라는 기대는 '평가의 오류'에 기인한 것이다. 우리는 어떤 낱말이나 표현이 어떤 '뜻을 담고 있다'는 표현을 흔히 사용하는데, 이는 비유적 표현에 지나지 않는다. 의미는 '퍼옮기거나 나를 수 있는' 그러한 대상이 아니라 해석과 이해의 대상이며 재현의 대상이다. 이러한 재현은 기존의 번역예들을 넘어서는 창의적인 것이어야 할 경우들이 적지 않은데, 이러한 번역의 창의성은 '새로움'과 '적절성'의 기준이 적용되는 '문제해결행위'로 간주될 수 있다.

하기도 하는데, 이것이 '자유직접화법'으로의 규정보다는 번역에서의 해석의 성격을 더 잘 드러내 보이는 것으로 생각된다.[34]

번역이 동일성에 기반할 수 없는 이상, 번역에서 차이나 이타성을 인정하지 않을 수 없다. 그렇기 때문에 에코도 번역이 도달해야 할 목표를 '거의 같은 것을 말하는 것'으로 보았던 것이다. 에코는 이 '거의'의 가변성과 그 범위를 '교섭'의 대상으로 보았는데, 이 교섭의 과정은 '타협compromis'이다. 이스라엘(1991:23)도 일반번역과 달리 문학번역은 근본적으로 '제약된 담론'이며 '타협의 기술'이라 말한다. 어떤 하나를 선택하기 위해서는 다른 것들을 배제할 수밖에 없는 것이다.[35] 이러한 교섭, 타협, 선택과 의사결정은 해석과 그에 따른 이해 없이는 이루어질 수 없는데, 이들의 기저에 자리하는 것이 바로 해석이다.

### 번역비평과 해석학/수사학

해석학과 수사학은 모두 개연성, 가능성을 주로 다룬다는 점에서 확실성이 주요 논제인 논리학과 달리 번역학이나 번역비평과 그 친근성이 크다. '가다머에게는 우리가 말하고자 하는 것을 결코

34 보네(2006: 33)는 이러한 관점에서 '직역'에 대한 유용한 제시를 한다. 그에 의하면, 직역은 원천언어의 어휘 통사 등의 요소를 목표언어에 도입하는 것이라기보다는 이 목표언어에 폭력을 가하지 않으면서 그 표현상의 잠재력을 그 가능성의 극한까지 밀고 가는 것이라 풀이하는데, 이는 이른바 직역이 이른바 '의역'보다 '보다 철저한 의역'일 수 있음을 적극적으로 시사하는 것이다.

35 Agostini-Quafi(2006: 39) 참고.

그대로 말할 수 없다는 것이 해석학의 최고의 원리'라고 지적하는 아벨(2000:219)은 메이에르의 '제문론적 수사학'과 가다머의 해석학의 밀접한 연관 관계를 잘 보여 준 바 있다. 가다머 이래로 현대 해석학은 의미의 '비결정성'을 강조하고 있는데, 바로 그러한 이유 때문에 원문 텍스트 의미의 이러한 '비결정성'은 번역과 번역비평에 대해서도 중요한 의미가 있다. 번역은 말하자면 이미 결정되어 있는 원어의 의미를 단지 전달만 하는 것이 아니라 텍스트 읽기를 통해 그 의미 해석에 적극적으로 동참하는 것이기 때문이다. 번역자는 자신(혹은 타인)의 '선이해'와 '선입견'을 기본적으로 인정하고, 그리고 그 때문에라도 원텍스트의 깊은 의미의 이해에 정성을 보다 많이 기울일 필요가 있다.

번역비평은 우선적으로 번역의 '번역론'(혹은 번역태도)의 세심한 읽기가 되어야 할 것이다. 이러한 읽기는 해석의 과정이자 수사(거리 교섭)의 과정이라는 점에서, 그리고 이러한 읽기로부터 번역의 문제들에 대한 진단과 처방이 비롯되어야 한다는 점에서도, 수사학적으로 진단을 하고 처방을 하는 '임상수사학'적 접근이 번역비평에 필요하다. 번역 자체도 의미와 해석 등이 불확실한 상황에서 부단한 선택과 결정의 논리가 작용한다는 점에서 수사(학)적이지만, 이러한 번역을 분석하고 평가해야 하는 번역비평 역시 불확실한 상황에서 다양한 요소들을 고려하여 선택을 하고 결정을 해야 한다는 점에서 수사(학)적일 수밖에 없다.[36] 언어-문화, 시니피앙과 시니피에, 텍스트와 맥락 모두를 고려하는 번역문법은 이러한 과정에서 해석학적, 수사학적 접근에 힘입어 번역에 대한 절충적 · 임상적 지식들을 제공하기도 하며, 오역비평을 포함하는 번역비평의 상당 부분을 담당하게 된다.

슐라이어마허는 '이해'를 문법적 이해와 심리적(혹은 기술적) 이해로 구분하는데, 최신한(2007:31)은 '이 두 해석 기술이 올바로 적용될 때 진정한 이해가 가능하며 오해를 최대한 회피할 수 있다'고 지적한다. '번역에서도 원서에 용해되어 있는 이 두 차원에 대한 고려가 필수적'이라고 저자는 조언한다. 번역문법의 측면에서 이 두 이해를 살피면, 문법적 이해는 당연히 번역문법적 이해에 속할 것이나, 심리적 이해도, 그 해석에서 텍스트의 언어기호적 측면[37]과 직접적으로 관련되는 부분은 번역문법적 이해와 관련된다고 보아야 할 것으로 생각되는데, 이는 앞으로 보다 깊이 살펴야 할 문제이다. 빌헬름(2004:773)에 의하면, 슐라이어마허 해석학의 핵심의 하나는 즉 '해석의 원 혹은 해석학적 원'으로, '전체를 부분으로부터, 부분을 전체로부터 이해하는 것'이다. 이는 번역과 번역비평의 텍스트 이해에서 충분히 고려되어야 할 사항이다.

해석의 실천에서 '느슨한 실천'과 '엄밀한 실천'을 구분하는 슐라이어마허에게 보다 중요한 것은 후자이다. 이 후자는 말이나 작품의 이해가 그 첫 출발부터 언제나 '이해의 불확실성'을 내포

---

36 전성기(2006a: 377).

37 전성기(2007b) 참고.

하고 있다는 것을 해석학의 기본적 상황으로 설정한다. 번역에서도 오해의 발생 가능성은 상존하며, 그 자체로서는 잘못된 것이 아니다. 다만 문제가 기초적인 것들에서, 그것도 빈발한다는 것이야말로 문제인 것이다. 바로 그렇기 때문에 번역 과정은 언어의 재귀성을 십분 활용하여 충분히 반성적 성찰이 되도록 할 필요가 있는 것이다. 예를 들어, 원텍스트의 어떤 한 문장이라는 '문제'에 대해 하나의 '답'처럼 보이는 번역이, 다시 다른 각도에서 검토해 보면 혹은 다른 새로운 질문을 제기하고 보면 다시 '문제'로 보일 수도 있고, 그래서 번역을 다시 생각해 보게 될 수 있다. 이는 번역 과정의 문제이기도 하고 번역비평 과정의 문제이기도 하지만, 번역비평에서는 해석의 보다 엄밀한 실천이 크게 요구된다.[38]

번역비평에서는 내적인 것과 외적인 것을 구분할 수 있다. 전자는 그 대상이 자신의 번역(과정)이고, 후자는 타자의 번역들이다. 이는 편의상의 구분이기는 하나 필요해 보인다. 원론적으로는 번역은 내적 번역비평의 결과물이나, 이 과정에 대한 섬세한 기술은 매우 보기 드문 것이 우리의 현실이다.[39] 어떤 면에서는

38 최신한(2007: 31-32): "슐라이어마허는 진정한 이해를 '엄격한 이해의 실제'에서 찾는다. 이해가 저절로 이루어진다는 사실에서 출발하면서 오해를 회피하려고 하는 느슨한 이해의 실제보다, '오로지 오해가 생겨나고 〔그렇기 때문에〕 이해가 모든 점에서 의욕되고 추구되어야 한다는 사실로부터 출발하는 엄격한 이해의 실제를 해석학의 중심문제로 간주한다."

39 황현산(2007)은 말라르메의 한 시에 대한 자신의 세 번역에 대한 번역비

내적 번역비평은 외적 번역비평을 하듯, 외적 번역비평은 내적 번역비평을 하듯 접근할 필요가 있다. 이러한 과정에서 일견 평면적인 번역이 실은 적지 않은 고뇌와 선택의 과정을 거친 중층적이고 복합적인 것임을 알게 될 수도 있으며, 원텍스트와 번역 텍스트를 감정이입적으로 보다 깊이 읽는 것의 필요성도 느끼게 될 것이다. 그리고 자신의 생각에 귀를 기울이는 법도 알게 될 것이다.[40] 번역비평은 이러한 성찰의 과정이 되어야 할 것이다. '에틱etic'적인 작업들이 충분히 섬세하게 이루어지면 '에믹emic'적인 측면의 추출이 그만큼 용이해지듯, 번역에 대한 고찰들이 보다 섬세하게 이루어질수록 단편적인 번역비평들이 보다 체계적인 번역비평으로 나아갈 가능성, 번역비평의 학문적 성격이 보다 구체화될 가능성이 그만큼 커질 것이다.

앞장 말미에서도 잠시 살핀 메이에르(1981)의 언어의 '제문론'은 언어의 사용이 항상 문답 과정과 관련된다는 것을 '일반 법칙'으로 제시한다. 이 제문론에서 언어의 근본적 단위는 문답의 쌍이다. 답에는 두 가지가 있는데, 하나는 '응답적 답'이고, 다른 하나는 '제문적 답'이다. 전자는 해결책을 보이는 답이고, 후자는 문제를 나타내는 답이다. '응답적 답'이 외견상 어떠한 질문도 나

---

평을 보이고 있는데, 매우 드문 예이다.

40 Gore(2007: 45): "우리는 커뮤니케이션에서의 성공을 남들에 대한 우리의 경청 능력에만 맡길 수는 없다. 우리는 우리 자신도 효과적으로 경청해야만 한다."

타내지 않기에 답처럼 보이지 않을 수 있는가 하면, '제문적 답'도 외견상 문제를 제기하고 있는 것으로 보이지 않을 수도 있다. 언어의 이러한 제문론적 이해는 번역에도 그대로 적용될 수 있다. 원텍스트의 어휘나 표현들은 저자의—묵시적 혹은 명시적—문답 과정을 통해 선택된 일종의 '응답적 답'들인데, 이 답들이 번역자에게는 '제문적 답', 즉 문제들로 작용할 수 있다. 말하자면, 이해 과정 자체가 맥락을 고려한 문답 과정의 연속인 것이다. 메이에르(1993)는 '수사'를 '주어진 문제에 대한 거리 교섭'으로 정의하며, 수사를 불확실한 상황, 그럴 법한 상황, 개연적 상황에서 결정의 합리적 절차의 문제라 말하는데, '거리'가 좁혀지는 과정은 이해가 커지는 과정으로 이해할 수 있다. 리쾨르에게서도 이해의 작업은 언어적 문화적 '거리의 극복'을 통한 '자기것화' 혹은 '자기화appropriation'의 과정으로 나타난다.[41]

### 에필로그

번역비평과 해석은 불가분의 관계에 있다. 번역비평의 기본적 검토 과제라 할 수 있는 충실성과 가독성을 넘어서려면 이 관계에 대한 성찰이 더욱 절실하다. 《영미명작, 좋은 번역을 찾아서》에 대한 정영목(2004)의 '단상'과 그에 대한 오길영(2004)의 '답변'에서도 드러나듯이, 우리에게 뚜렷하게 제시된 대안은 눈에 띄지 않으나, 다른 곳에서는 어느 정도 논의의 진전이 있다.[42] 우리가

41 Wilhelm(2004: 773-774) 참고.

번역문법을 비롯하여 (번역)해석학과 (번역)수사학에 관심을 갖는 것도, 우리 혹은 동양의 고전 쪽으로 눈을 돌리는 것도 하나의 대안 모색을 위한 것이다. 선현들이 어떠한 학문 태도를 가지고 어떠한 노력들을 해 왔는지 살피는 것은 넓게는 우리의 인문학에 대해, 좁게는 번역과 번역비평에 대해, 특히 그 과정에 대해 시사하는 바가 클 것이다.[43] 번역이론이나 번역비평이론은 번역과 번역비평에 도움도 되고 사실 필요하기도 하지만, 우리 '번역 문화文化'가 '번역 문화文禍'로 얼룩진 것은 번역자들이 이 이론들에 어두워서라기보다 번역 의식, 번역비평에 대한 학문적 의식과 성찰이 부족한 탓이 아마 더 클 것이다. 번역자의 경험과 지식의 너비와 깊이에 따라 텍스트 해석의 지평도 달라지기 마련이다.[44]

오역비평은 필요하다. 그러나 부분적인 지적들에 치우쳐 있는 이러한 오역비평을 넘어 이제 그 못지않게 텍스트 차원의 명역비

---

42 Delisle(2001)은 앙리 메쇼닉 등에 힘입어—'낱말의 의미들'을 넘어서는—'텍스트의 의미'를 번역한 '좋은 번역들'과 그렇지 못한 '나쁜 번역들'을 대비해 설명하고 있다.

43 최석기(1996)는 이익의 《성호사설》에 대해 그의 학문의 힘은 한마디로 '회의정신'에 있다고 말한다. 기왕의 모든 지식과 관념에 대해 절대 긍정도 절대 부정도 하지 않고, 오직 선승이 화두를 탐구하듯이 '왜 그럴까?'를 끝없이 생각하였다는 것이다. 뿐만 아니라 이익은 '고증적 태도'와 '합리적 사고'를 통해 자신의 생각을 널리 입증할 증거를 찾는 데 부단히 진력하였다고 한다. 《중용》에 나오는 '博學之, 審問之, 愼思之, 明辯之, 篤行之', 즉 '널리 배우고, 자세히 묻고, 깊이 생각하고, 분명히 판단하고, 독실히 행하라'라는 구절도 번역자와 번역비평자들이 음미해 보아야 할 것이다.

44 Renken(2002: 24-29) 참고.

평에도 우리는 관심을 가져야 한다.[45] 번역비평은 기존의 번역들은 물론, 원텍스트와 관련된 연구들도 소홀히 해서는 안 된다는 베르만(1995)의 조언을 귀담아 실천에 옮긴다면, 그래서 인문학번역이 번역인문학으로 이어질 수 있다면 우리의 인문학의 번역문화는 사뭇 달라질 것이다. 앞으로의 번역비평은 번역문법을 기반으로 (번역)해석학과 (번역)수사학의 도움을 받아 인문학번역이 진정한 인문학적 탐구가 되도록, 번역비평이 번역인문학의 원동력이 될 수 있도록 가일층 노력해야 할 것이다. 이는 곧 한국어의 발전과 한국의 인문학에 기여하는 길이기도 하다. 우리의 번역 문화文化가 번역 문화文禍를 벗어나 진정한 번역 문화紋和를 이루려면 크로닌이 말하는 '반사로서의 번역이 아니라 성찰로서의 번역translation as reflexion, rather than reflection' 쪽으로 올곧게 나아가야 할 것이다.[46] 슐라이어마허의 말대로 이해가 하나의 무한 과제라면,[47] 이러한 성찰들 역시 일종의 무한 과제일 수밖에 없고,[48] 번역인문학을 지향하는 번역비평과 그와 불가분의 관계에 있는 해석 문제 역시 일종의 무한과제이다.

---

45 정영목(2004: 69)은 '검토 대상이 되었던 36편 573종 가운데 11%(소설은 6%)씩이나 추천본으로 선정되었다는 것은 의미가 크다'며 긍정적인 평가를 한다.

46 Buzelin(2004: 731) 참고.

47 Wilhelm(2004: 774) 참고.

48 Broda(1999), Lane-Mercier(2001) 참고.

## 참고문헌


강대진(2004):《잔혹한 책읽기》, 작은이야기.

강영안(2002):《우리에게 철학은 무엇인가》, 궁리.

고영섭(2003): "이땅에서 철학하기", <http://www.koyoungseop.pe.kr/reboard/content.php3?id=45>

_____(2004): "원효의 십문화쟁론", <http://www.koyoungseop.pe.kr/reboard/content.php3?id=147>

고종석(1999):《감염된 언어》, 개마고원.

_____(2001):《국어의 풍경들》, 문학과지성사.

교수신문 엮음(2006):《최고의 고전 번역을 찾아서》, 생각의 나무.

권보드래(2000):《한국근대소설의 기원》, 소명출판.

김다은(2001): "앙리 메쇼닉의 씨니피앙스 시학",《시와시학》, 2001년 봄, pp. 299-304.

김명섭(2002): "외부 문화 유전자 적극 받아들여야 강대국 된다",《조선일보》, 2002. 4. 15.

김병철(1975):《韓國近代飜譯文學史硏究》, 을유문화사.

_____(1998):《韓國現代飜譯文學史硏究》, 상 · 하, 을유문화사.

김상현(1995): "원효 화쟁사상의 연구사적 검토", 《불교연구》, 제11, 12집, pp. 333-358.

김석희(1999): "장미밭에서 춤추기", 《미메시스》, 창간호, 열린책들, pp. 32-35.

김수용(2004): "한국문학의 해외 소개 현황—종합 결론", 봉준수 외, 《한국문학의 외국어 번역—과거, 현재, 미래》, 연세대 출판부, pp. 309-331.

김시천(2004): "착종된 근대—서구의 동양철학 연구서 번역에 나타난 근대와 전근대의 이중주", 《시대와 철학》, 제15권 2호, pp. 83-118.

김영민(1998): 《문화, 문화, 문화—산문으로 만드는 무늬의 이력》, 동녘.

김영선(2000): 《한국에 소개된 프랑스 문화와 프랑스어 어휘》, 만남.

김영희(1999): "비평정신의 갱신을 위하여", 《안과밖》, 제7집, pp. 2-6.

김완진(1983): "한국어 문체의 발달", 《한국어문의 제문제》, 일지사.

김용옥(1985): 《東洋學 어떻게 할 것인가》, 통나무.

김용일(2000): "슐라이어마허의 언어해석학", 《독일어문학》, 제12집, pp. 23-44.

김운찬(2005): "번역과 백과사전", 《이탈리아어문학》, 제16집, pp. 1-21.

김유정(2005): "번역에 나타난 시학적 관건들에 관한 고찰", 《프랑스학연구》, 제34권, pp. 93-123.

김유중(2003): "번역가의 임무", 《사이》, 통권3호, pp. 32-47.

김인환(1993): "번역과 맥락", 《상상력과 원근법》, 문학과지성사, pp. 186-234.

______(2006): "번역과 번역비평", 《교수신문》, 제399호, 2006. 5. 22. p. 1.

김종택(1983): "國語 表現構造의 變遷 硏究", 《東洋文化硏究》, vol. 10, 경북대학교, pp. 83-121.

김창래(2006): "고르기아스가 제기한 세 번째 난제에 대한 해석학적 대응—회의주의와 함께, 그리고 회의주의를 넘어서", 《철학연구》, 제30집, pp. 65-100.

김형길(2001): "프랑스와 한국의 국어운동의 비교", 《불어불문학연구》, 제46집, pp. 683-718.

김혜경(2000): "고전 번역의 문제와 해결", 《중어중문학지》, 제8집, pp. 169-191.

김효중(1996): "시 번역 비평의 이론과 실제", 《비교문학》, 제21집, pp. 5-28.

_____(1998): 《번역학》, 민음사.

_____(2004): "해석학적 번역이론과 텍스트 기능", 《번역학연구》, 제5권 1호, pp. 77-95.

김홍수(1997): "文體의 變化", 《國語史硏究》, 태학사, pp. 955-1025.

라드미랄, J.-R.(2004): "번역은 아포리아인가?", 이스라엘 외(2004), pp. 127-156.

라보, E.(2002): "협상으로서의 번역", 《번역교육과 교육에서의 번역》, J. Delisle · H. Lee-Janke 감수, 김종규 · 김정연 옮김, 고려대학교출판부, pp. 97-119.

라포포트, A./안동환 역(1995): 《일반의미론의 이해—과학과 인간의 목표》, 한국문화사(원저 1950년).

로빈슨, D./정혜옥 옮김(2002): 《번역과 제국—포스트식민주의 이론 해설》, 동문선.

르드레르, M./전성기 옮김(2001): 《번역의 오늘—해석 이론》, 고려대학교출판부.

리쾨르, P./윤성우 · 이향 옮김(2006): 《번역론—번역에 관한 철학적 성찰》, 철학과 현실사.

마넬리, M./손장권 · 김상희 옮김(2006): 《페렐만의 신수사학—새로운 세기의 철학과 방법론》, 고려대학교출판부.

메이에르, M./이영훈 · 진종화 옮김(2004): 《언어와 문학—의미에 관한 시론》, 고려대학교출판부.

______/전성기 옮김: 《수사 문제—언어, 이성, 매혹》, 고려대학교출판부(근간).

문용(1990): "번역과 번역 문화", 《국어 생활》, 제21호, 국어연구소, pp. 14-26.

박경일(2001): "번역문화 바로 세우기와 영어교육의 근원적 개혁 (1)—하버드에서 가르치지 않는 영어, 한국에서 가르치자", 《번역학연구》, 제2권 2호, pp. 7-36.

______(2003): "영어/번역 어떻게 가르칠까/공부할까? (1)—영어/번역 전문가 양성을 위한 탈이론적 방법론 서설", 《번역학연구》, 제4권 1호, pp. 5-26.

박상익(2002): "우리 인문학과 번역", 《역사학보》, 제174집, pp. 359-375.

______(2006): 《번역은 반역인가》, 푸른역사.

박성배(2003): "동양의 고전을 어떻게 읽을 것인가", 《中韓人文科學研究》, 제11집, pp. 1-40.

박성창(2005): "한국근대문학과 번역의 문제: 해외문학파의 번역론을 중심으로", 《비교한국학》, 제13집 1호, pp. 1-25.

박숙희(1996): 《우리말 속 일본말》, 한울림.

박원재(1999): "《장자》는 왜 번역되어야 하는가", 《오늘의 동양사상》, 제2호, pp. 247-271.

박진숙(2003): "이태준 문장론의 형성과 근대적 글쓰기의 의미", 《시학과 언어학》, 제6집, pp. 135-165.

박찬인(1994): "한국어에 도입된 프랑스어 연구", 《언어연구》, 제10집,

한국현대언어학회, pp. 99–119.

발라르, M.(2002): "잘못된 읽기—이해 과정에 대한 고찰", 《번역교육과 교육에서의 번역》, J. Delisle/H. Lee-Janke 감수, 김종규 · 김정연 옮김, 고려대학교출판부, pp. 29–58.

복거일(2000): 《국제어 시대의 민족어》, 문학과지성사.

선영아(2006): "'문자(文字)'와 번역의 윤리—A. 베르만에 대한 소고(小考)", 《불어불문학연구》, 제65집, pp. 155–175.

송민(1988): "開化期 新文明語彙의 成立過程", 《語文學論叢》, 국민대학교 어문학연구소, pp. 69–88.

송승철(2001): "비평용어사전 편찬과 번역에 대한 비판적 검토", 《안과 밖》, 제10집, pp. 89–113.

시라이와 미호(2000): "현대 한국어 일본어계 외래어의 변천", 《현대 국어의 형성과 변천3》, 〈문체 · 어휘 · 표기법〉, 홍종선 외 지음, pp. 223–279.

신정근(1998): "문헌 번역의 엄밀성을 위하여", 《동아문화》, 제36호, pp. 283–285.

______(2001): "《맹자》와 현대 한국인의 만남은 언제—'이지이효易知易曉'의 오래된 꿈의 내력", 《오늘의 동양사상》, 제4호, pp. 227–251.

심재기(1982): 《國語語彙論》, 집문당.

辻由美/이희재 譯(2001): 《번역사 산책》, 궁리.

안장리(2005): "인문학적 사유를 바탕으로 한 장르변형 글쓰기—정인보의 《唐陵軍遺事徵》", 《동방학지》, 제130집, pp. 279–304.

영미문학연구회 번역평가사업단(2005): 《영미명작, 좋은 번역을 찾아서》, 창비.

______(2007): 《영미명작, 좋은 번역을 찾아서 2》, 창비.

오강남(1987): "원효사상과 현대사회학", 《불교연구》, 제3집, pp.

139-152.

오길영(2004): "'객관적인 평가의 틀'—정영목 선생의 글을 읽고", 《안과 밖》, 제17호, pp. 67-73.

유명우(2000): "새로운 인문학으로서의 번역학", 《영미어문학》, 제59호, pp. 247-253.

유창균(1967): "國譯聖書가 國語의 發達에 끼친 影響-特히 語彙의 改新面을 中心으로", 《東西文化》, 제1호, 계명대학교, pp. 59-75.

윤상인(2001): "최고의 번역", 《대산문화》, 제4호(특집—전문가가 뽑은 최고의 번역).

윤성우(2006): "번역(학)과 해석(학)—철학적 접근 가능성에 대한 한 연구", 《프랑스학연구》, 제37집, pp. 171-195.

윤지관(2000): "번역의 정치학: 외국문학번역과 근대성", 《번역문제-영미문학회》

_____(2001a): "번역의 식민성과 탈식민성", 《교수신문》, 제196호.

_____(2001b): "번역의 정치학—외국문학번역과 근대성", 《안과밖》, 제10집, pp. 26-47.

이경수(1986): "誤譯의 강물을 누가 막으랴", 《東西文學》, 1986年 7月號, pp. 264-277.

이기문(2001): 《新訂版 國語史槪說》, 태학사.

이도흠(1999): 《화쟁기호학, 이론과 실제—화쟁사상을 통한 형식주의와 마르크시즘의 종합》, 한양대학교 출판부.

_____(2004): "포스트모더니즘 문예이론과 원효 화쟁의 비교 연구", *Comparative Korean Studies*, 제12권 1호, pp. 137-166.

이동환(1991): "우리시대 한문고전 번역의 새 典範", 《論語新解》, 《孟子新解》(김종무 역, 민음사)의 서평, 《한국논단》, 1991년 9월, pp. 216-218.

이미혜(1991): 〈한국의 불문학 수용사〉, 서울대학교 대학원 교육학박사 학위논문.

이상옥(1986): "영문학—번역과 반역의 90년사", 《예술과 비평》, 제11호, pp. 29-43.

이상원(2004): "출판 번역 비평과 번역 규범", 《국제회의 통역과 번역》, 6(2), pp. 39-57.

_____(2006): 《한국 출판 번역 독자들의 번역평가 규범 연구》, 한국학술정보.

이석규 외(2002): 《우리말답게 번역하기》, 역락.

이선관(2003): "슐라이어마허에 있어서의 번역과 해석", 《범한철학회논문집》, pp. 185-210.

이성원(1994): "인문학의 특성, 인문학의 위기", 《현대비평과 이론》, 제8호, pp. 10-17.

이연숙(2001a): 《國語という 思想》, 岩波書店.

_____(2001b): "번역과 근대국어의 탄생", 《교수신문》, 제199호.

이재호(2005): 《문화의 오역》, 동인.

이청원(1981): "言文一致運動의 再檢討", 《한국언어문학》, 제20호, 한국언어문학회, pp. 241-274.

이희승 감수(1995): 《엣센스 국어사전》, 민중서림(1974년 제1쇄 발행).

전성기(1983): "귀스따브 기욤의 언어학 이론", 《한글》, 제182호, pp. 145-172.

_____(1996): 《메타언어, 언어학, 메타언어학》, 고려대학교출판부.

_____(1998): 《불문법의 이해》, 개정증보판, 어문학사.

_____(1999): "언어 기호 개념의 재고", 《기호학연구》, 제6집, pp. 117-140.

_____(2002a): 《의미 번역 문법》, 고려대학교출판부.

전성기(2002b): “번역과 현대 한국어”, 《텍스트언어학》, 제23집, pp. 157-182.

______(2006a): “번역인문학과 번역비평”, 《텍스트언어학》, 제21집, pp. 359-387.

______(2006b): “입자적 수사(학)와 파동적 수사(학)”, 《수사학》, 제6집, pp. 165-178.

______(2007a): 《수사학의 새로운 탐구—언어학, 번역학, 수사학》, 고려대학교출판부.

______(2007b): “인문학번역과 번역문법”, 《불어불문학연구》, 제70집, pp. 233-260.

______(2007c): “번역과 번역비평의 언어기호학적 이해”, 《기호학연구》, 제21집, pp. 61-91.

______(2007d): “번역비평과 해석”, 《불어불문학연구》, 제72집, pp. 281-310.

정과리(1999): “번역, 혹은 원문의 풍경을 재구성하기—정명환 역, 사르트르의 《문학이란 무엇인가》가 품은 재번역의 의의”, 《불어불문학연구》, 제38집 2호, pp. 688-689.

정광(1995): “1920-30년대 문학작품에 보이는 일본어 構文의 영향”, 《한국어학》, 제2집, pp. 379-398.

정광 · 윤세영(1998): 《司譯院 譯學書 冊版研究》, 고려대학교출판부.

정국(1988): “외국어투의 우리 말과 글”, 《국어 생활》, 제12호, pp. 86-94.

정기수(1988): 《한국과 서양—프랑스문학의 수용과 영향》, 을유문화사.

정길남(1994): 《성서의 우리말 연구》, 서광학술자료사.

정선태(2003a): “근대계몽기의 번역론과 번역의 사상”, 《배달말》, 제33집, pp. 93-113.

______(2003b): “종교의 ‘번역’과 문명론—《독립신문》의 경우”, 《사이》,

통권3호, pp. 48-67.

정영목(2004): "영미연의 번역평가사업에 대한 단상", 《안과밖》, 제16집, pp. 225-231.

정준영(2001): "인문학적 탐구로서 서양 고전 번역의 의미—희랍 철학의 경우를 중심으로", 《시대와 철학》, 제12권 2호, pp. 37-63.

정한숙(1975): 《韓國文學의 周邊》, 고려대학교출판부.

______(1987): "우리 現代文章의 形成過程 攷", 《韓國言語文學》, 제25집, pp. 87-106.

정혜용(2005): "직역론의 새로운 갈래와 번역 패러다임의 변화", 《프랑스학연구》, 제33집, pp. 269-286.

______(2006a): "베르만과 메쇼닉의 번역이론 이해를 위하여—속담번역의 상징적 위치", 《불어불문학연구》, 제66집, pp. 239-255.

______(2006b): "번역문학 비평을 위하여", 《학술발표회 자료집》, 2006년 11월 28일, 고려대 레토릭연구소, pp. 1-12.

조동일(1986): 《한국문학통사》, 4, 지식산업사.

조연현(1969): 《韓國現代文學史》, 성문각.

조윤제(1965): 《國文學史概說》, 동국문화사.

조재룡(2003): "메쇼닉(H. Meschonnic)에 있어서 '리듬'의 개념—《리듬비평 *Critique du rythme*》을 중심으로", 《불어불문학연구》, 제54집, pp. 631-661.

조진기(2003): "번역과 국어국문학 연구", 《배달말》, 제33집, pp. 5-24.

조한욱(2000): 《문화로 보면 역사가 달라진다》, 책세상.

최석기(1996): "성호 경학의 기저—회의정신과 본지탐구", 《한국한문학연구》, 제19집, pp. 605-632.

최석재(2000): "개화기 시대 이후 단문화의 과정", 《현대 국어의 형성과 변천 3》, 박이정, pp. 31-55.

최성환(2006): "해석학과 수사학—사회적 · 문화적 실천으로서의 인문학", 《해석학연구》, 제17집, pp. 51-78.

최신한(2000a): "학문으로서의 해석학과 대화의 체계", 《뷔히너와 현대문학》, 제14집, pp. 200-225.

_____(2000b): "옮긴이의 말", 《해석학과 비평》, 철학과 현실사, pp. 5-10.

_____(2001): 《독백의 철학에서 대화의 철학으로》, 문예출판사.

_____(2003): "슐라이어마허와 가다머—가다머의 슐라이어마허 비판은 정당한가?", 《해석학연구》, 제12집, pp. 68-97.

_____(2004): "슐라이어마허와 가다머(II): 해석학의 보편적 요구—지평 융합인가, 지평 확대인가?", 《철학연구》, 제90집, pp. 407-434.

_____(2007): "이해의 한계와 번역불가능성의 문제—슐라이어마허의 〈번역의 다양한 방법에 대하여〉를 중심으로", 《해석학연구》, 제19집, pp. 29-56.

최영주(2004): "메쇼닉 시학의 주요 쟁점들", 《한국프랑스학논집》, 제46집, pp. 345-372.

최영진(2006): "같음, 다름, 어울림", 《철학과 현실》, 통권 제71호, pp. 183-192.

최용호(2004): 《텍스트 의미론 강의》, 인간사랑.

_____(2006): "《일반언어학 노트》: 기호에서 가치로—텍스트 없는 텍스트성과 텍스트성 없는 텍스트 간의 긴장", 《기호학 연구》, 제19집, pp. 281-318.

최희봉(2000): "고전번역의 필요성, 그리고 그 어려움", 《인간본성에 관한 논고》(데이비드 흄, 이준호 옮김, 서광사, 1998) 서평, 《철학과 현실》, 제44권, pp. 288-294.

탁석산(2001a): 《한국의 정체성》, 책세상.

_____(2001b):《한국의 주체성》, 책세상.

페르니에, M./김현권 · 노윤채 옮김(2001):《번역의 사회언어학적 기반》, 고려대학교 출판부.

폴 리쾨르/윤성우 · 이향 옮김(2006):《번역론—번역에 관한 철학적 성찰》, 철학과현실사.

표정훈: "비성무물(非誠無物)",《궁리의 글》, <http://www.kungree.com/kreye/kreye81.htm>

표정훈(2001): "논어", <http://www.kungree.com/book/book96.htm>

홍성욱(2000): "인문학적 사유의 창조성과 '실용성': 인문학의 위기 극복을 위한 한 가지 제안",《동향과 전망》, 통권44호, pp. 212-231.

홍승오, 이상옥, 손은주(1989): "서구문학의 번역 및 수용연구",《비교문학》, 제14집, pp. 117-193.

홍종선(2000): "현대 국어의 시대 구분과 시기별 특징",《현대 국어의 형성과 변천 2》, 박이정, pp. 9-28.

丸山眞男 · 加藤周一/임성모 역(2000):《번역과 일본의 근대》, 이산.

황찬호(1988): "외국어식 구문",《국어 생활》, 14호, pp. 46-58.

황현산(1986): "佛文學—번역과 飜譯創作",《예술과 비평》, 제11호, pp. 44-58.

_____(1993): "불란서 이론의 번역 자유와 신비화",《현대비평과 이론》, 1993년 봄 · 여름, pp. 158-175.

_____(1993): "불란서 이론의 번역 자유와 신비화",《현대비평과 이론》, 제3권 1호, 통권 5호, pp. 158-175.

_____(2007): "문학번역의 번역가능성", 미간 원고.

Abel, O.(2000): *L'éthique interrogative. Herméneutique et problématologie de notre condition langagière*, PUF.

Agostini-Quafi, V.(2006): "La traduction d'après Umberto Eco: Dire quasi la stressa cosa", *La traduction liitéraire: Des aspects théoriques aux analyses textuelles*, édité par V. Agostini-Quafi et A. R. Hermettet, Presses universitaires de Caen, pp. 37-54.

Amacker, R.(1975): *Linguistique saussurienne*, Droz.

Ancet, J.(1999): "La séparation", *La traduction-poésie, à Antoine Berman*, Presses Universitaires de Strasbourg, pp. 173-186.

Balacescu, I./B. Stefanink(2003): "Modèles explicatifs de la créativité en traduction", *Meta*, 48, 4, pp. 509-525.

______(2005): "Défense et illustration de l'approche rhétorique en traduction", *Meta*, 50-2, pp. 3634-642.

Ballard, M.(2005): "Téléologie de la traduction universitaire", *Meta*, 50-1, pp. 48-59.

Bandia, P.(2001): "Le concept bermanien de l'«étranger» dans le prisme de la traduction postcoloniale", *TTR*, 14-2, pp. 123-139.

Bauer, W.(2000): "The rôle of intermediate languages in translations from Chinese into German", *De l'un au multiple*, sous la direction de V. Alleton et M. Lackner, Editions de la Maison des Sciences de l'Homme, pp. 19-31.

Bautier, R.(1994): *De la rhétorique à la communication*, Presses universitaires de Grenoble.

Benveniste, E.(1974): *Problèmes de la linguistique générale*, t. 2, Gallimard.

Berman, A.(1995): *Pour une critique des traductions : John Donne*, Editions Gallimard.

______(1999): *La traduction et la lettre ou l'auberge du lointain*, Seuil.

Bonnet, N.(2006): "Quelques aspects du caractère dialogique de la traduction littéraire", *La traduction liitéraire: Des aspects théoriques aux analyses textuelles*, édité par V. Agostini-Quafi et A. R. Hermettet, Presses universitaires de Caen, pp. 19-35.

Bouquet, S.(1999): "La linguistique générale de Ferdinand de Saussure: textes et retour aux textes", <http://www.revue-texto.net/Saussure/Sur_Saussure/Bouquet_Linguist-gen.html>

Broda, M.(1999): "Berman ou l'amour de la traduction", *La traduction-poésie, À Antoine Berman*, Presses universitaires de Strasbourg, pp. 39-48.

Burger, A.(1961): "Essai d'analyse d'un système de valeurs", *Cahiers Ferdinand de Saussure*, 19, pp. 67-76.

Buzelin, H.(2004): "La traductologie, l'ethnographie et la production des connaissances", *Meta*, 49-4, pp. 509-525.

Canon-Roger, F.(2006): "La traduction", <http://www.revue-texto.net/Repres/Themes/Canon-Roger/Canon-Roger_Traduction.html>.

Charron, M.(2001): "Berman, étranger à lui-même?", *TTR*, 14-2, pp. 97-121.

Chesterman, A.(1997): *Memes of Translation*, Benjamins.

Chevalier(1996): "De Guillaume à une linguistique du signifiant", *Modèles linguistiques*, 17-1, pp. 77-92.

Chevalier, J.-C./M. F. Delport(1995): *L'horlogerie de Saint Jérôme: Problèmes linguistiques de la traduction*, L'Harmattan.

Chevalier, J.-C./M. Launay/M. Molho(1984): "La raison du signifiant", *Modèles linguistiques*, 6-2, pp. 27-42.

______(1988): "Sur la nature et la fonction de l'homonymie, de la synonymie et de la paronymie", *L'ambiguïté et la paraphrase*, édité par C. Fuchs, Centre de Publications de l'Université de Caen, pp 45-52.

Cordonnier, J.-L.(2002) "Aspects culturels de la traduction", *Meta*, 47-1, pp. 38-50.

Corneille, J. P.(1976): *La linguistique structurale: sa portée, ses limites*, Larousse.

Cuéllar, S. B.(2002): "Equivalence Revisited: A Key Concept in Modern Translation Theory", *Forma y Función*, no 15, pp. 60-88.

Dancette, J.(1989): "La faute de sens en traduction", *TTR*, 2-2, pp. 83-102.

Darbelnet, J.(1970): "Traduction littérale ou traduction libre", *Meta*, 15-2, pp. 88-94.

Delisle, J. et J. Woodsworth(dir., 1995): *Les traducteurs dans l'histoire*, Les Presses de l'Université d'Ottawa/Editions Unesco.

Delisle, J.(1980): *L'analyse du discours comme méthode de traduction*, Editions de l'Université d'Ottawa.

______(1981): "De la théorie à la pédagogie: réflexions méthodologiques", *L'enseignement de l'interprétation et de la traduction, de la théorie à la pédagogie*, Editions de l'Université d'Ottawa, pp. 135-151.

______(2001a): "L'évaluation des traductions par l'historien", *Meta*, 46-2, pp. 209-226.

______(2001b): Compte rendu de *Gloires. Traduction des psaumes* de H. Meschonnic(2001, Desclée de Brouwer), *TTR*, 14-1, pp. 239-249.

Delport, M.-F.(2005): "'La razón de la sinrazón...' ou la raison du signifiant", *Bulletin hispanique*, no 1, pp. 21-33.

Di Stefano, B. F.(1982): "Translation as Literary Critcism", *Meta*, 27-3, pp. 241-256.

Durin, C.(2001): "Vers une traduction-texte par un travail sur la lettre", *Faulkner: Une expérience de retraduction*, Sous la direction de A. Chapdelaine et G. Lane-Mercier, Presses Universitaires de Montréal, pp. 11-17.

Dussart, A.(1994): "L'empathie, esquisse d'une théorie de la réception en traduction", *Meta*, 39-1, pp. 107-115.

Emery, P. G.(2004): "Translation, Equivalence and Fidelity: A Pragmatic Approach", *Babel*, 50-2, pp. 143-167.

Engler, R.(1973): "Rôle et place d'une sémantique dans une linguistique saussurienne", *Cahiers de Ferdinand de Saussure*, 28, pp. 35-52.

Faber, P.(1989): "Charles Baudelaire and His Translations of Adgar Allan Poe", *Meta*, 34-2, pp. 253-258.

Folkart, B.(1991): *Le conflit des énonciations: Traductions et discours rapporté*, Éditions Balzac.

Foss, S. K./K. A. Foss(2003): *Inviting Transformation: Presentational Speaking for a Changing World*, second edition, Waveland Press, Inc.

France, P.(2000a): "The Rhetoric of Translation", *One Hundred Years of 'MLR': General and Comparative Studies*, Modern Language Review Supplement, pp. 255-268.

______(2000b): "Translation Studies and Translation Criticism", *The Oxford Guide to Literature in English Translation*, edited by P. France, Oxford University, pp. 3-10.

Gile, D.(1995): "La lecture critique en traductologie", *Meta*, 40-1, pp. 5-14.

______(2002): "Decision-making in Professional Translation and Interpreting", *International Conference on Translation Studies: Current Status of Translation Education*, Seoul, Korea, May 23, 2002, Sookmyung Women's University, pp. 17-33.

Godel, R.(1974-5): "Problèmes de linguistique saussurienne", *Cahiers Ferdinand de Saussure*, 29, pp. 75-89.

Gore, D.(2007): "Review Essay: On Wayne Booth", *The International Journal of Linstening*, 21(1), pp. 42-49.

Henry, J.(1995): "La fidélité, cet éternel questionnement. Critique de la morale de la traduction", *Meta*, 40-3, pp. 367-371.

Hewson, L.(2003): "A propos de la critique de la traduction", *Traductologie linguistique et traduction*, éd. M. Ballard et A.E. Kaladi, Artois Presses Université, pp. 291-302.

Hewson, L.(2004): "Sourcistes et cibliers", *Correct/Incorrect*, éd. M. Ballard et L. Hewson, Artois Presses Université, pp. 123-134.

Hewson, L./Martin, J.(2001): *Redefining Translation: The Variatioanl Approach*, Routledge.

Hjelmslev, L.(1971): "La stratification du langage", *Essais linguistiques*, Minuit, pp. 44-76.

Hurtado Albir, A.(1990): *La notion de fidélité*, Didier Erudition.

______(2005): "La Théorie Interprétative de la Traduction: sa place en traductologie", *La Théorie Interprétative de la Traduction, I. Genèse et développement*, Lettres modernes Minard, pp. 163-193.

Islaël, F.(1990): "Traduction littéraire et théorie du sens", *Etudes traductologiques en hommage à Danica Seleskovitch*, textes réunis par M. Lederer, Minard, pp. 29-43.

______(1991): "Traduction littéraire: l'appropriation du texte", *La liberté en traduction*, Didier Erudition, pp. 17-41.

______(1998): "La plénitude du texte", *Quelle formation pour le traducteur de l'an 2000?*, Eidier Erudition, pp. 251-266.

______(2002): "La trace du lien en traduction", *Identité, altérité, équivalence? La traduction comme relation, en hommage à Marianne Lederer*, Minard, pp. 83-95.

Jakobson, R.(1963): *Essais de linguistique générale*, Editions de Minuit.

Johnston, P. D.(2000): "What is General Semantics?", <http://www.generalsemantics.org/Services/Articles/whatisgs.htm>.

Kadhim Khalaf, A.(2005): "Misreading and Mistranslation", <http://www.

babelport.com/articles/articles.php?show =57>.

Kerbrat-Orecchioni, C.(1980): *L'énonciation: de la subjectivité dans le langage*, A. Colin.

Kodish, S. P./B. I. Kodish(2001): *Drive Youself Sane: Using The Uncommon Sense of General Semantics*, Extensional Publishing.

Ladmiral, J. R.(1979): *Traduire: théorèmes pour la traduction*, Payot.

______(1987): "Traductologiques", *Retour à la traduction*, numéro spécial de la revue *Le français dans le monde*, éd. M.-J. Capelle/F. Debyser/J.-L. Goester, août-septembre, 1987, Italia, pp. 18-25.

______(1991): "La langue violée?", *Palimsestes*, no. 6, «L'étranger dans la langue», pp. 23-33.

______(1998): "Théorie de la traduction: la question du littéralisme", *Transversalités, Revue de l'Institut catholique de Paris*, 65, janvier-mars, pp. 137-157.

______(2004): "La traduction entre en philosophie", *La traduction entre philosophie et littérature*, éd. A. Lavieri, L'Harmattan Italia, pp. 24-65.

______(2006): "Le salto mortale de traduire: éléments culturels et psycholinguistiques de théorie de la traduction", *La traduction liitéraire: Des aspects théoriques aux analyses textuelles*, édité par V. Agostini-Quafi et A. R. Hermettet, Presses universitaires de Caen, pp. 55-73.

Lane-Mercier, G.(2001): "Entre l'étranger et le propre: le travail sur la lettre et le problème du lecteur", *TTR*, 14-2, pp. 83-97.

Launay, M.(1986a): "Gustave Guillaume: la loi et le symptôme", *Linguistique fantastique*, éd. S. Auroux et al., Denoël-Clims, pp. 324-338.

Launay, M.(1986b): "Effet de sens: produit de quoi?", *Langages*, no. 82, pp. 13-39.

Laygues, A.(2006): "Pour une réaffirmation de «l'être-ensemble» par la traduction", *Meta*, 51-4, pp. 838-847.

Lévy, A.(2000): "La passion de traduire", *De l'un au multiple*, sous la direction de V. Alleton et M. Lackner, Editions de la Maison des Sciences de l'Homme, pp. 163-172.

Li Youzi(2004): "On the Subjectivity of the Translator", <http://towerofbabel.com/features/subjectivity/>, pp. 1-41.

Lyons, J.(1977): *Semantics I*, Cambridge University Press.

Macchi, Y.(1986): "Du rôle du signifiant dans la genèse du sens énonciatif", *Langages*, no. 82, pp. 67-82.

Margot, J.-C.(1979): *Traduire sans trahir: la théorie de la traduction et son application aux textes bibliques*, L'Age d'homme.

Marlowe, M.(2004): "Against the Theory of 'Dynamic Equivalence'", <http://www.bible-researcher. com/dynamic-equivalence.html>, pp. 1-15,

Martinet, A.(1973): "La pertinence", *Journal de psychologie normale et pathologique*, pp. 19-30.

Meschonnic, H.(1973): *Pour la poétique II*, Gallimard.

______(1995): "Traduire ce que les mots ne disent pas, mais ce qu'ils font", *Meta*, 40-3, pp. 514-517.

______(2000): "Présentation", *Et le génie des langues?*, Presses Universitaires de Vincennes, pp. 5-15.

______(2006): "L'enjeu du traduire est de transformer tout la théorie du langage", 《번역과 인문학》, 고려대학교 문과대학 설립 60주년 기념 국제학술대회 발표집, pp. 8–15.

Metz, C.(1969): "Spécificité des codes et spécificité des langages", *Semiotics*, 1-4, pp. 370-396.

Meyer, M.(1979) : *Découverte et justification en science*, Klincksieck.

Meyer, M.(1981): "La conception problématologique du langage", *Langue française*, 52, pp. 80-99.

______(1993): *Questions de rhétorique: langage, raison et séduction*, Librairie Générale Française.

______(2004): *La rhétorique*, PUF.

Mounin, G.(1979): "Traduction", *Encyclopedia Universalis*, vol. 16, pp. 232-233.

Oseki-Dépré(1986): "La lettre de l'étranger. Remarques sur le concept de littéralité", *Actes des deuxièmes Assises de la Traduciton littéraire*, Actes Sud, pp. 71-75.

Pergnier, M.(2004): "Traduction et linguistique: sur quelques malentendus", *La linguistique*, 40-1, pp. 15-24.

Prieto, L. J.(1975): *Pertinence et pratique*, Minuit.

Pym, A.(1997): *Pour une éthique du traducteur*, Artois Presses Université/ Presses de l'Université d'Ottawa.

Rastier, F.(1996a): "Problématiques du signe et du texte", *Intellectica*, 1996/2, pp. 11-52.

______(1996b): "Communication ou transmission?", <http://www.revue-texto.net/Inedits/Rastier/Rastier _Transmission.html>

______(1997): "Herméneutique matérielle et sémantique des textes", *Herméneutique: textes, sciences*, PUF, pp. 119-148.

______(2005): "Herméneutique et linguistique: dépasser la méconnaissance", <http://www. revue-texto.net/Dialogues/Debat_ Hermeneutique/ Rastier_Herm-et-ling.html>

Récanati, F.(1984) : "Pour la philosophie analytique", *Critique*, no. 444, pp. 362-383.

Reiss, K.(2002): *La critique des traductions, ses possibilités et ses limites*, traduit de l'Allemand par C. Bocquet, Artois Presses Université.

Renken, A.(2002): *La représentation de l'étranger. Une réflexion herméneutique sur la notion de traduction*, Centre de Traductio Littéraire, Université de Lausanne.

Ricoeur, P.(2004): *Sur la traduction*, Bayard.

Robitaille, M.(2005): Recension de *L'éthique interrogative. Herméneutique et problématologie de notre condition langagière*. O. Abel(2000, PUF), *Laval théologique et philosophique*, 61, 1, pp. 207-218.

Rochlitz, R.(2001): "Traduire les sciences humaines", *Raisons politiques*, no 2, pp. 65-77.

Saint-Exupéry, A.(1931): *Vol de nuit*, Gallimard.

Saucet, M.(1996): *La sémantique générale aujourd'hui*, Le Courrier du Livre.

Saussure, F. de(1972): *Cours de linguistique générale*, édition critique préparée par Tullio de Mauro, Payot.

______(2002): *Ecrits de linguistique générale*, par R. Engler et S. Bouquet, Gallimard.

Seleskovitch, D. et M. Lederer(1984): *Interpréter pour traduire*, Didier Erudition.

Simon, S.(1995): Compte rendu de *Pour une critique des traductions: John Donne*, d'A. Berman, *TTR*, 8-1, pp. 282-287.

Steiner(1975): *After Babel*, Oxford University Press.

Stolze, R.(2004): "Creating 'presence' in translation", *Claims, Changes and Challenges in Translation Studies*, edited by. G. Hansen, K. Malmkjoer, D. Gile, John Benjamins B.V., pp. 39-50.

Touard, D.(2002): "Qu'est-ce qu'une « herméneutique critique »?",

*Methodos*, 2, « L'esprit. Mind/Geist », <http://methodos.revues.org/document100.html>

Toury, G.(1995): *Descriptive Translation Studies*, John Benjamins.

Tröger, G.(2004): "Contribution à une épistémologie de la traduction. Pour une explicitation des présupposés théoriques", *Meta*, 49-4. pp. 747-767.

Vandaele, S.(2003): Review of Reiss, K.(2000), *Translation Criticism—The Potentials and Limitations: Categories and Criteria for Translation Quality Assement*, *Meta*, 48, 4, pp. 598-601.

Venuti, L.(1996): "Translation, heterogeneity, linguistics", *TTR*, 9-1, pp. 91-115.

Vigneault, É.(1999): "Herméneutique et traduction poétique: quelques remarques", *TTR*, 12-2, pp. 173-188.

Vinay, J. P. et J. Darbelnet(1977): *Stylistique comparée du français et de l'anglais*, Didier.

Wilhelm, J.E.(2004): "Herméneutique et traduction: la question de 'l'appropriation' ou le rapport du 'propre' à 'l'étranger'", *Meta*, 49-4, pp. 768-776.

Wilmart, F.(1990): "Le traducteur littéraire: un marieur empathique de cultures", *Meta*, 35-1, pp. 236-242.

Woodsworth, J.(1988): "Traducteurs et écrivains: vers une redéfinition de la traduction littéraire", *TTR*, 1-1, pp. 115-125.

Yuan Xiaoyi(1999): "Débat du siècle: fidélité ou recréation", *Meta*, 44-1, pp. 61-77.

# 번역인문학과 번역비평

초판 발행 2008년 4월 10일
초판 1쇄 2008년 4월 10일
지은이 **전성기**
펴낸곳 **고려대학교출판부**
www.kupress.com
kupress@korea.ac.kr
136-701 서울특별시 성북구 안암동
02-3290-4230, 4232
Fax 923-6311
찍은곳 한국컴퓨터인쇄정보

ISBN 978-89-7641-657-5 93800

값 9,000원

* 잘못 만들어진 책은 바꿔드립니다.